그냥, 나로 살고 싶어서

잘자유 에세이

나로 살고 싶은 모든 사람들에게

차례

앞구르기만 해도 취직된다고?	6
입사 한 달차, 퇴사를 결심하다	14
좋아하는 일을 찾아서	20
일잘러가 되고 싶어	26
분홍 머리 연구원	34
명함의 무게	40
자유를 만나다	46
그냥, 나로 살고 싶어서	52
퇴사해보겠습니다	60
에필로그	64

EP1. 앞구르기만 해도 취직된다고?

"기계과 오면 면접에서 앞구르기만 해도 취직돼."

 기계과 선배 R은 나의 최애 음식인 찜닭을 사주며 이렇게 말했다. 취직이라는 단어와 윤기가 좌르르 흐르는 빨간 찜닭은 내 맘을 흔들어 놓기에 충분했다. 나는 그렇게 선배의 유혹에 홀라당 넘어가 버리고 말았다.

 이과였던 나는 수학에 완전히 질려있었다. 고등학교를 졸업할 무렵엔 다시는 수학 근처에도 가지 않으리라 다짐했다. 그런 내게 자율전공은 최고의 전공이었다. 운이 좋게도 일 학년 전원이 자율전공인 대학에 들어갔다. 입학 후엔 재밌어 보이는 수업만 골라 들었다. 드로잉기초, 심리학개론, 사회복지개론, 경영학입문, 일반생물학... 그런데 막상 전공을 선택할 시기가 다가오니 혼란스러웠다.

그림 그리는 걸 좋아해서 들었던 드로잉기초 수업은 재미있었다. 하지만 친구들의 그림을 볼 때마다 자괴감이 들었다. 친구들은 매주 엄청난 작품을 가져왔다. 마치 타고난 것만 같았다. 그에 비하면 내 그림은 너무나도 형편없었다. 벌써 이렇게 차이가 나는데 배운다고 나아질까? 학교 밖엔 잘하는 사람이 더 많을 텐데 내가 살아남을 수 있을까? 결국 한 학기 수업을 듣고선 못하겠다는 결론을 내렸다.

사람들 이야기를 듣는 걸 좋아해서 신청한 심리학개론 수업은 의외로 재미가 없었다. 몇 주 동안 뇌와 발달 단계만 배웠다. 그 와중에 심리학과를 가면 대학원은 필수에, 졸업해도 취직이 잘 안된다는 소문까지 들었다. 대학원은 먼 세상 이야기 같았고, 빨리 졸업해서 돈을 많이 벌고 싶었다.

그 외에도 사회복지개론, 경영학 입문 같은 수업도 들었지만, 이건 내 전공이야! 싶은 과목은 없었다. 일 년은 빠르게 지나갔고, 어떤 전공을 선택해야 하나 고민하던 차에 R 선배를 만난 것이다. 때마침 제공된 찜닭과 취업 기회. 매력적인 제안이 아닐 수 없었다. 게다가 기계과 나온 여자라니, 왠지 멋있어 보였다. 다시는 수학을 공부하지 않겠다는 다짐은 찜닭과 함께 말끔히 소화되고 말았다. 결국 나는 기계과를 선택했다.

*

얼마 지나지 않아 알게 되었다.

R 선배의 말이 반은 맞고 반은 틀렸다는 걸.

스물한 살, 축제 기간에 나는 랩실에 있었다. "일곱 시에 에일리 온대." 복학생 선배들의 외침에 따라나가 공연을 잠깐 보고는 다시 랩실로 돌아왔다. 과제를 마저 끝내니 새벽이었다. 같이 밤을 새운 기계과 친구들과 기숙사로 들어가는 길에 축제의 흔적을 구경했다.

스물두 살의 크리스마스에도 랩실에 있었다. "아이스크림 먹고 해라." 두 손에 일용한 양식을 들고 오신 조교님의 친절에 무한 감사하며 실험을 계속했다. 모터를 돌리다가 캐패시터를 폭발시키고 빵판을 태우기도 했다. 복학생 선배들은 색색의 전선으로 빵판을 영정사진처럼 꾸며 추모해 주었다. 그런 웃음이라도 없으면 기계과 생활은 버티기 힘들었다.

스물셋의 여름방학에도 랩실에 있었다. 학회 발표를 준비하기 위해서였다. PPT로 포스터를 만들고, 디자인 전공생들이 가는 인쇄소에 가서 인쇄를 하고, 판넬에 인쇄물을 붙였다. 영어 발표 자료를 만들고, 구글 번역기를 돌려가며 스크립트를 짰다. 무더운 여름이었지만 랩실이 있는 공대 1층은 항상 서늘했다. 기분 나쁜 기운이 감돌았다.

전공이 적성에 맞지 않는다고 말하자, 한 친구는 이렇게 말했다. "기계과가 적성에 맞는 사람은 원래 없어. 다 그냥 하는 거야." 그렇구나. 나만 그런 줄 알았는데. 친구의 말이 조금이나마 위로가 됐다. 생각해 보니 맞는 말이었다. 내 빅데이터로 판단했을 때 백 명 중 두세 명은 적성에 맞아 보였다. 천재 같아 보이는 사람들이었다. 나머지 구십여 명은 다 나와 비슷했다. 그저 구글링을 하며, 솔루션을 찾으며, 잘하는 친구들의 실험 결과를 따라 하며, 그렇게 버티고 있었다.

이런 사실들을 종합해 보면, 기계과 사람들이 면접에서 앞구르기만 해도 합격하는 이유를 알 수 있었다. 대학 생활 내내 랩실에서 많이 구르기 때문이었다. 속았다는 생각이 들었지만 어쩔 수 없었다. 이렇게 버텨 취직을 하게 되면 그땐 자유로워질 거라 믿었다. 내가 할 수 있는 건 그저 열심히 버티는 것뿐이었다.

*

결국 남들보다 빨리 취업에 성공했다. 운과 정성과 글빨의 힘이었다.

대학교 삼 학년이 되던 해, 학교에 '계약학과'라는 제도가 생겼다. 학교와 회사가 계약을 맺어서 입사할 학생을 미리 뽑고, 장학금도 주는 아주 좋은 제도였다. 심지어 그 회사는 연봉이 높기로 소문난 자동차 회사였다. 취직이 유일한 목표였던 나는 열심히 지원서를 썼다. 자동차에는 관심도 없었지만 말이다.

일 학기에 지원하고 서류에서 떨어졌다. 하지만 굴하지 않고 이 학기에 또 지원을 했다. 다행히 합격해 적성검사를 보고 PT 면접을 봤다. 택시 운전을 하는 아빠를 팔아 가족을 위한, 안전한 자동차를 만들겠다고 말했다. 결과는 합격이었다. 나의 스토리텔링 전략이 그럭저럭 먹혀든 모양이었다.

장학생이 된 후에도 회사와 학교에서 시키는 대로 했다. 자동차 동아리도 만들고, 자동차 관련 수업도 들었다. 영어 성적을 맞추기 위해 토익 스피킹을 열 번이나 치렀다. 영상 처리를 배우고, 직접 만든 트랙 위를 도는 자율주행 미니카를 만들었다. 영어 논문을 쓰고 자동차 학회에서 발표를 하기도 했다. 그렇게 싫은 공부였지만 조금만 더 버티자, 생각했다. 졸업만 하면 이 지겨운 공부는 끝이라고 생각했다.

기계과의 늪[1]

나 요즘 모든걸 다버리고 떠나고 싶어
나 요즘 모든걸 다버리고 떠나고 싶어

프리랩 메인랩 정역학과제 자동제어과제 트러스 만들기
제어회로 퀴즈 열역학과제 자동제어프로젝트 실험 파이널

이 벗어날 수 없는 뉴턴홀[2]의 늪에서 날좀 구해줘요
벗어날 수 없는 기계과의 늪에서 날좀 구해줘요

워우워~ 떠나고 싶어 떠나고 싶어
나그냥 휴학할래 워우워~ 떠나고싶어

친구들은 항상내게 묻지 년 왜이렇게 얼굴보기 힘드냐고
내가 너희들을 보고싶지 않은게 아냐 절대로

시험 퀴즈 과제 실험 과제 퀴즈 프로젝트
시험 퀴즈 과제 실험 과제 퀴즈 프로젝트
시험 퀴즈 과제 실험 과제 퀴즈 프로젝트
시험 퀴즈 과제 실험 과제 퀴즈 프로젝트

이 벗어날 수 없는 뉴턴홀의 늪에서 날좀 구해줘요
벗어날 수 없는 기계과의 늪에서 날좀 구해줘요

[1] 3학년 때 만든 자작곡. 기계과 생활의 애환을 담았다.
[2] 기계과가 있던 공대 건물의 이름.

EP2. 입사 한 달차, 퇴사를 결심하다

　대학생 때 했던 공부는 재밌진 않았지만 멋있어 보였다. 차선을 인식해서 차를 달리게 하고, 신호등을 인식해서 차를 멈추게 하는 그런 일들. 공부는 힘들었지만 뭔가 멋진 일을 하게 될 거라 막연히 상상했다.

　하지만 막상 회사에 들어가니 내 의지와 상관없이 부서가 정해졌다. 내가 맡게 된 일은 스위치 설계였다. 자동차 창문을 올리고 내리는 스위치. 사실 큰 불만은 없었다. 딱히 하고 싶은 건 없었으니까. 오히려 다행이라는 생각이 들기도 했다. 대학생 때부터 엉뚱한 걱정을 자주 했기 때문이다. 자율주행 로직을 개발하다 차선을 잘못 인식해 엉뚱한 방향으로 가버리면 어떡하지? 신호등을 인식하지 못해서 빨간 불인데 멈추지 못하면? 조금이라도 생명에 영향을 끼칠 수 있는 일은 부담스러웠다. 하지만 스위치 업무는 내가 실수

하더라도 크게 문제가 되진 않을 것 같았다. 그 정도의 무게가 나에겐 딱 적당했다.

단지 의아할 뿐이었다. 스위치는 당연히 있는 거 아닌가? 그런 걸 만드는 사람들이 있다는 건 생각해 본 적도 없었다. 사무실의 사람들은 모두 모니터를 보며 앉아있었다. 컴퓨터 앞에 앉아 자동차를 만들어 낸다는 게 이상했다. 이 사람들은 다 무슨 일을 할까? 나는 무슨 일을 하게 될까?

*

내 직책은 연구원이었지만 학교에 다닐 때처럼 코딩을 하거나 실험을 하거나 레포트를 쓰지는 않았다. 그저 사수가 시키는 대로 전화를 하고, 이메일을 보내고, 피피티를 만들고, 회의에 따라갈 뿐이었다.

알고 보니 스위치는 내가 직접 만드는 게 아니었다. 스위치를 만드는 협력사들이 있고, 나는 그 협력사들을 관리하는 PM-프로젝트 매니저의 역할이었다. 자동차 한 대가 만들어지는 몇 년의 기간 동안 시기별로 해야 할 일을 확인하고, 문제가 없게 검토하고, 일정을 관리해야 했다.

항상 남들이 시키는 일만 했던 내가 다른 사람들에게 일을 시키게 됐다. 그건 생각보다 어려운 일이었다. 나는 내가 시키는 일이 정확히 어떤 일인지 몰랐다. 왜 해야 하는지, 얼마나 중요한지도 몰랐다. 나 스스로 별로 중요하지 않다고 생각하는 일로 사람들을 재촉해야 하는 게 싫었다. 회의에 가서 다른 팀 사람들에게 싫은 소리를 해야 하는 것도 싫었다. 별거 아닌 일로 싸우는 게 싫었다.

하루에도 몇십 통의 전화를 했다. 관심도 없는 자동차의, 관심도 없는 스위치를 만들기 위해 여러 사람을 설득해야 했다. 내가 시키는 일이 다른 사람들을 힘들게 한다는 생각이 나를 힘들게 했다.

그저 주말만 기다리는 나날이었다. 시간은 월, 화, 수, 목, 금, 토, 일로 흐르지 않고 평일, 주말, 평일, 주말...하고 흘렀다. 네 번의 휴일이 지나니 한 달이 갔다. 어느 날 오후, 사수와 커피를 마시다 말했다.

"회사 다니니까 시간이 너무 빨리 가요. 벌써 입사한 지 한 달이나 지났네요."
"하하. 나는 그렇게 십 년이 갔어."

나는 그렇게 십 년이 갔어. 끔찍했다. 이렇게 주말만 기다리며 평일을 보내고, 평일을 두려워하며 주말을 보내다 보면 어느새 십 년이 가 있을 것만 같았다. 주변을 둘러보니 사람들이 보였다. 십 년을 다닌 책임님, 십오 년을 다닌 책임님, 이십 년을 다닌 책임님, 정년을 앞둔 책임님... 특별한 일이 없는 이상 나도 육십 살까지 회사에 다니게 될 것이다. 나는 스물넷이니, 적어도 삼십 오 년은 이 일을 해야 하는 건가?

기계과의 늪에서 겨우 벗어났다고 생각했는데, 완벽한 착각이었다. 내 손으로 내 발에 족쇄를 채운 셈이었다. 기계과의 늪에서 아무도 나를 구해주지 않았듯이, 여기에서 나를 구해줄 사람은 없었다. 오직 나만이 이 족쇄의 열쇠를 가지고 있었다.

스무 살, 하고 싶은 걸 선택할 용기가 없었던 나에게 다시 한번 기회를 주기로 했다. 진짜 하고 싶은 걸 찾아보자. 하지만 당장 회사 밖으로 나갈 용기는 없었다. 그런 나에게 좋은 핑곗거리가 보였다. 바로 회사와 맺은 계약이었다. 대학생 때 받은 세 학기의 장학금이, 삼 년의 계약으로 변해 있었다. 계약 기간보다 더 빨리 퇴사하면 받았던 장학금을 뱉어내야 했다.

나는 계약을 핑계로 선택을 유예했다. 이왕 이렇게 된 거, 삼 년만 버티고 퇴사하자. 학자금 대출도 갚아야 하고, 아직 딱히 하고 싶은 것도 없잖아. 그동안 하고 싶은 일을 찾아보고, 회사생활도 경험해 보고, 돈도 모으는 거야. 그러면 마음 편히 하고 싶은 일을 할 수 있겠지. 이 회사를 디딤돌 삼아, 내가 하고 싶은 일을 하자. 삼 년만 버텨보자.

EP3. 좋아하는 일을 찾아서

 개수대엔 반짝이는 스테인리스 볼들이 잔뜩 쌓여있었다. 아, 또 설거지를 해야 하는구나. 방금 오븐에 반죽을 넣어놓고 온 참이었다. 이제 좀 쉬나 했는데. 오늘의 메뉴는 피자빵이다. 양파를 썬 도마와 칼, 소세지와 옥수수를 담았던 볼까지 합치니 평소보다 더 많은 설거짓거리가 쌓여있었다.

 수세미 위에 세제를 쭉쭉 짜서 기름진 그릇들을 박박 닦았다. 몇 시간 동안 계속 서 있으니 다리도 아프고, 반죽을 하다보니 팔도 아팠다. 그래, 빵은 그냥 사 먹자. 사 먹는게 싼 거였네. 베이킹 시작 십사 주차. 매주 목요일 저녁마다 '빵은 사 먹자'는 다짐을 반복했다.

 그래도 그만두지 않고 지속할 수 있었던 건 고통의 끝에 어김없이 따끈한 빵들이 기다리고 있기 때문이었다.

밤 열 시가 다 되어가는 시간, 막 구운 빵을 오븐에서 꺼냈다. 넓은 조리대 위에 빵들이 겹겹이 쌓여갔다. 투명 봉투에 갓 구운 피자빵을 하나하나 넣었다.

스무 개 가까운 빵들을 검정 봉지에 쓸어 담고 기숙사로 돌아갔다. 막 구운 빵은 맛있었지만, 이건 많아도 너무 많았다. 룸메이트에게 나눠줘도 여전히 많았다. 결국 다음 날 아침, 회사에 출근해 팀원들에게 빵을 돌렸다.

"오늘은 소세지 빵이에요."
"오, 고마워. 잘 먹을게."

그동안 쿠키부터 시작해서 마들렌, 단팥빵, 꽈배기 등 여러 가지 빵들을 나눔했다. 몇 달간 지속된 빵 나눔에 익숙해진 한 책임님이 말했다.

"이거 이러다가 퇴사하고 빵집 차리는 거 아니야?"
"하하. 아니에요. 저 빵 별로 안 좋아해요."
"응? 빵을 안 좋아하는데 이렇게 매주 만든다고?"
"그러게요."

사실이었다. 나는 빵을 별로 좋아하지 않았다. 그렇다고 싫어하는 건 또 아니었다. 굳이 내 돈 주고 사 먹지는 않는 정도였다. 그런데 어쩌자고 네 달짜리 베이킹 수업을 신청했을까?

베이킹 수업은 '좋아하는 일 찾기'의 일환이었다. 삼 년 후에 퇴사하기 위해선 좋아하는 일을 찾아야 했다. 대학생 때 공부한 게 아깝긴 했지만, 이 일을 삼십 년간 할 자신은 없었다. 아예 다른 분야여도 괜찮으니 처음부터 다시 시작하고 싶었다.

베이킹 말고도 재밌어 보이는 건 이것저것 다 했다. 드로잉, 글쓰기, 꽃꽂이, 프랑스자수, 뜨개질, 캘리그라피, 요리, 여행, 사진, 우쿨렐레, 피아노, 작사... 모두 시작하기 전엔 재밌어 보였지만 막상 해보면 생각했던 것과 달랐다. 나는 기대만큼 잘하지 못했고, 하다 보면 몸이 힘들었고, 미래가 두려웠다.

일이 손에 잡히지 않으면 이것저것 상상해 보기도 했다. 여행을 좋아하니 게스트하우스를 차릴까? 아니, 그럼 내가 여행을 못하잖아. 카페나 차려볼까? 아, 나 카페인 못 먹지.

그리고 카페는 한 곳에 갇혀있는 느낌이 들어서 싫을 것 같아. 그래, 밖에 돌아다니는 걸 좋아하니 야외에서 하는 일을 할까? 자연을 좋아하니까 정원사? 아니면 높은 곳을 좋아하니 창문 닦는 일? 재밌을 것 같은데? 아, 근데 체력이 안 될 것 같아. 진짜 운동 좀 해야 하는데.

흠... 그럼 비행기 타는 걸 좋아하니까 조종사가 돼 볼까? 근데 나 키 155인데. 조종사는 키 제한 있지 않나? 그리고 조종사 되려면 돈이 많이 든다더라. 음... 사람을 좋아하니 심리학과 대학원을 가볼까? 근데 심리학은 오래 공부해야 한다던데. 오랫동안 돈을 못 벌면 어떡하지. 책을 좋아하니 사서가 돼볼까? 근데 책 보는 건 좋아하지만 정리는 잘 못하잖아. 성격도 꼼꼼하지 못한데 괜찮을까?

정작 내가 평소에 자주 하고 있는 게 뭔지, 내가 진짜로 하고 싶은 게 뭔지는 깊이 생각해 보지 않았다. 그저 들어본 직업 중에 괜찮아 보이는 걸 나열했을 뿐이다. 그리고 그 직업에 대해 알아보며 내가 그걸 한다면 어떨지를 상상했다. 하지만 핑곗거리는 항상 있었다. 찾다 보면 좋은 말보단 안 좋은 말이 더 크게 보였다. 힘든 점을 감수할 만큼 그 직업을 좋아하진 않았다.

그렇게 재밌어 보이는 걸 해보고, 괜찮은 직업을 검색하다 보니 오히려 점점 지쳐갔다. 애초에 내가 좋아하는 게 있나? 있다 해도, 그걸 꾸준히 할 능력이 있나? 나는 그냥 의욕이 없는 사람인 것 같았다. 회사 일을 싫어하는 것처럼, 그냥 일 자체를 싫어하는 사람인 것 같았다. 어차피 다른 일을 해도 힘들 거라면 차라리 좋은 대우를 받는 지금이 낫지 않을까?

냉동실엔 못다 먹은 빵들이 쌓여갔다. 결국 목표했던 삼년이 다 되어갈 때까지, 그리고 퇴사하는 그 순간까지도 좋아하는 일은 찾지 못했다.

☆ Tip. 좋아하는 일 찾는 법

 과거의 저처럼 거창한 것을 찾아다니기보단 좀 더 사소한 일상생활을 관찰해 보세요. 내가 힘들 때 가는 곳이 어디인지, 매일 보는 콘텐츠(유튜브, 인스타 등)은 뭔지, 자주 구매하는 것은 뭔지 관찰하다 보면 내가 좋아하는 게 좀 더 명확하게 보일 거예요.

 그리고 뭐든 직접 해보는 걸 추천해요. 작게라도 하나씩 시작해 보세요. 막상 해보면 생각했던 것과 다른 점이 있을 거예요. 그리고 어떤 점이 좋았는지, 어떤 점이 별로였는지 기록해 보세요. 그리고 내가 적어 놓은 걸 바탕으로 재밌을 것 같은 걸 또 해보세요. 그렇게 천천히, 하나씩, 내가 좋아하는 걸 찾아가 보세요!

EP4. 일잘러가 되고 싶어

"이거 꼭 써야 해? 할 말 없는데."
"할 말 없으시면 그냥 생일 축하한다고, 한마디라도 써 주세요~"

사무실을 돌아다니며 팀원들의 책상에 새빨간 하트 메모지를 올려놓았다. 열 명 남짓 되는 팀원들을 위한 생일 이벤트였다. 생일을 맞은 사람에게는 팀원들의 축하 메시지를 모아 커피 기프티콘과 함께 선물했다. 아무도 시킨 적은 없지만, 그냥 내가 하고 싶어서 만든 이벤트였다.

나는 팀 사람들이 좋았다. 우리 팀엔 4-50대 책임님들이 많았고, 여자가 거의 없었다. 팀원들은 스물셋에 인턴을 하고, 스물넷에 입사한 나를 신기해했다. 반대로 나는 능숙하게 일하는 그들이 신기했다. 그리고 그 모습이 멋있었다. 멋진 사람들과 함께라는 게 좋았다.

한명 한명에게 받은 하트 메모지를 모아 A4용지에 다닥다닥 붙였다. 점심시간이 끝나는 시간인 한 시, 생일을 맞은 팀원의 책상 앞으로 사람들을 모은다. 일루 오세요, 얼른 오세요. 팀원들은 생일자의 책상 앞으로 모인다. 생일 축하드립니다, 짝짝짝. 다 같이 축하를 해준 후 선물 전달식을 한다. 아빠뻘 되는 책임님은 부끄러워하면서도 빨간 하트로 가득 찬 A4용지와 커피 쿠폰을 들고 핸드폰 카메라를 바라본다.

생일파티 이벤트의 하이라이트는 바로 이 사진 촬영이었다. 생일을 맞은 사람은 축하 메시지가 담긴 A4용지를 들고 사진을 찍어야 했다. 나는 피곤한 기색이 가득한 팀원들을 위해 스노우 필터로 사진을 찍어 줬다. 책임님들은 뽀샤시하게 나온 자신의 사진을 보며 신기해했다. 그리곤 사진을 잘 찍는다며 칭찬해 주곤 했다.

생일이 지난 팀원들의 책상 옆 파티션에는 빨간 하트로 가득한 종이가 붙어있곤 했다. 그 모습을 볼 때마다 뿌듯했다. 나는 누가 시키지 않은 이런 일들을 좋아했다.

*

그럼에도 불구하고, 나는 이 회사가 내가 있을 곳이 아니라고 느꼈다. 스스로 일을 못 한다고 생각했기 때문이다. 내가 일을 못하는 걸 들킬까 봐, 누군가 그걸 알게 되어 나를 비난할까 봐 두려웠다.

나는 다른 팀과 협의하는 과정이 어려웠다. 내 말에 스스로 확신이 없어 의견을 강력하게 피력하지 못했다. 오히려 다른 팀 사람들에게 공감하며 감정이입을 하곤 했다. 내 말보다 다른 사람 말을 더 주의 깊게 듣고, 그 말이 옳다고 여겼다.

나는 일정 관리가 어려웠다. 프로젝트의 일정을 관리하는 역할이었는데도 말이다. 머릿속에서는 해야 할 일들이 둥둥 떠다니는데, 우선순위를 정하지 못했다. 여기서 전화가 오면 이걸 처리해 주고, 저기서 메일이 오면 저걸 처리해 줬다. 정작 중요한 일은 잘해야 한다는 부담감에 계속해서 미뤘다. 시간을 내서 하면 몇 시간이면 끝낼 일을 오랫동안 미루기도 했다.

나는 문제점을 해결하는 게 어려웠다. 어떤 문제는 너무 쉬웠고, 어떤 문제는 너무 어려웠다. 쉬운 문제는 왜 해결을 못 하는지 이해할 수 없었고, 어려운 문제는 어떻게 해결해야 할지 알 수 없었다. 내 머릿속에선 추상적인 해결책들이 잔상과 이미지로 떠다녔다. 그걸 논리적으로 설명하지 못하는 내가 답답했다.

    나는 항상 주도권을 남에게 넘겼다. 팀에서 유일한 기계과 출신이던 나는 전자 분야에 자신이 없었다. 회로와 로직이 나오면 공부하려고 하기보다는 난 못해, 하고 생각했다. 그렇다고 기계 쪽에 자신이 있었던 것도 아니다. 누군가 기계와 관련된 걸 물어보면 나는 전자 쪽 팀이어서 모른다고 답했다. 여기서는 이래서 못한다, 저기서는 저래서 못한다 핑계를 댔다. 실은 못 하는 게 아니라 하기 싫은 거였는데 말이다.

    고과를 나쁘게 받았을 때도 나는 아무런 이의제기를 하지 않았다. 팀장님이 미안하다며 사다 준 커피를 마시며, 그럴 수도 있지, 생각했을 뿐이었다. 사실 나 스스로도 내가 좋은 고과를 받을 거라고 생각해 본 적이 없었다. 나는 일이 싫었고, 일을 못 했다. 내 기준에서 일을 잘하는 사람은 자기 의견을 뚜렷하게 말하는 사람, 주어진 일정에 맞춰 일을 척척 처리하는 사람, 문제점을 잘 해결하는 사람이었다. 나와는 다른 그런 사람들이 회사엔 참 많았다.

*

 그런 나에게 일을 잘한다고 말해주는 사람들이 있었다. 바로 팀원들이었다. 몇몇 팀원들은 내 덕분에 팀 분위기가 좋아졌다고 말해주곤 했다.

 팀 회의를 할 때면 팀원들끼리 의견이 맞지 않을 때가 있었다. 나는 팀원들 전부가 좋았고, 모두의 입장이 이해가 됐다. 내가 듣기엔 둘 다 똑같은 말을 하는 것 같은데 왜 저렇게 피 터지게 싸우는 건지 의아했다. 회의가 너무 길어지면 답답해진 나는 끼어들어 중재하곤 했다. A 책임님, B 책임님의 말은 이런 뜻인 것 같아요. B 책임님, A 책임님도 결국 똑같은 말 하고 계시는걸요. 그럼 그냥 이렇게 협의하고 넘어가도 될까요? 평행선 같던 두 사람의 마음이 통했는지는 모르겠지만, 어쨌든 회의는 마무리될 수 있었.

 또 나는 회식을 좋아했다. 비록 회식 비용은 엔 분의 일이었지만 사람들과 즐겁게 노는 게 좋았다. 회사에서의 딱딱한 모습과 달리 풀어지는 책임님들의 모습도 재밌었다. 나는 그런 책임님들에게 허물없이 대하곤 했다. 관심받는 걸 좋아해 워크샵 때 우쿨렐레를 가져가 연주를 하며 노래를 부르기도 했다. 억지로 뭔가를 한 적은 없었다. 그저 나를 좋아해 주는 사람들을 좋아했을 뿐이었다.

사람들은 말했다. 넌 우리 팀에 꼭 필요한 존재야. 하지만 나에게 그건 칭찬으로 들리지 않았다. 사람들을 좋아하면 뭐 해, 일을 잘해야지. 이런 자괴감에 빠져 스스로를 비하했다. 나는 내 의견도 없고, 문제 해결도 못 하고, 논리적이지도 않아. 사람들 말 들어주는 거? 회식 때 열심히 노는 거? 그건 아무나 할 수 있는 거 아닌가? 나는 그걸 잘하고 싶은 게 아니였다. 나도 다른 사람들처럼 '일'을 잘하고 싶었다.

*

퇴사하고 나서야 내가 가지고 있던 것이 엄청난 장점이라는 것을 알게 됐다. 그 장점을 이용하면 내가 그토록 원하던 '일'을 잘할 수도 있을 거라는 것도. 만약 내가 그때의 나에게 말을 걸 수 있다면 이렇게 얘기해 주고 싶다.

네가 하고 있는 것도 중요한 일이야.
그게 네가 잘하는 일이고.
너는 너의 방식대로 하면 돼.
잘하고 있어.

☆ Tip. 나의 강점 찾아보기

 사람마다 잘하는 게 있고 못 하는 게 있어요. 보통은 못 하는 걸 아쉬워하고 그 능력을 키우려고 노력하죠. 그런데 못하는 능력을 키우면 어떻게 될까요? 그냥 보통의 사람이 되겠죠? 그것보다는 내가 잘하는 걸 더 잘할 수 있게 만들어 보아요. 더 즐겁게 일할 수 있을 거예요. 내가 못 하는 건 그냥 두세요. 잘하는 사람의 도움을 받으면 된답니다.

 갤럽 강점 검사나 태니지먼트 강점 검사를 받아보는 걸 추천해요. 보통 내가 익숙하고, 당연하다고 생각하는 게 나의 강점인 경우가 많답니다. 내 강점을 알아차리고, 그걸 발전시킨다면 더 즐겁게 일할 수 있을거예요!

EP5. 분홍 머리 연구원

　사무실에 있는 모든 사람들이 나를 쳐다봤다. 아니, 정확히는 내 머리를 쳐다봤다. 입사한 지 일 년 반, 여름휴가가 끝나고 돌아오던 날이었다. 나는 샛노란 머리를 휘날리며 사무실에 도착했다. 쏟아지는 시선을 애써 무시하고 자리로 가 앉았다.

　실은 돌아오는 주말에 어두운색으로 염색을 할 생각이었다. 몇 시간 전 출근 버스를 탈 때까지만 해도 이러고 어떻게 회사에 가냐며 민망해했다. 하지만 사람들의 시선을 마주하자 생각이 바뀌었다.

　아침 여덟 시에 시작되는 체조 시간. 평소 체조를 하지 않는 사람들까지 모두 일어나 내 머리를 쳐다봤다. 괜한 반감이 들었다. 저 사람들 때문에 머리 색깔을 바꿔야 하나?

내 돈 주고 내 시간 들여 힘들게 탈색한 머리인데? 어차피 일 년 반 후에 퇴사할 거, 그냥 탈색한 채로 다녀야겠다. 퇴사하면 돈 없어서 탈색하기도 힘들 텐데. 이렇게 된 김에 하고 싶었던 색깔 다 해봐야지.

다행히 회사에서 이미 '요즘 애들' 취급을 받던 참이었다. 갑작스런 회식이 잡히면 '저 집에 가서 빨래해야 돼요. 내일 신을 양말이 없어서요.' 하고 대답하던 나였다. '머리가 왜 그래?' 물으면 '하하, 이쁘죠?' 하고 답하면 그만이었다.

*

나는 머리색을 바꾸기 시작했다. 노란색에서 회색으로, 회색에서 보라색으로, 보라색에서 초록색으로, 초록색에서 분홍색으로. 탈색과 염색을 반복할수록 머리색은 점점 잘 나왔다. 매번 가던 미용실의 디자이너 선생님은 나에게 물었다. 몇 살이에요? 나는 답했다. 스물다섯이요. 선생님은 말했다. 어리네요. 여러 가지 색 많이 해보세요. 이때 아니면 언제 해보겠어요.

연구소 안에서 돌아다닐 때면 모든 사람들이 나를 쳐다봤다. 회의를 갈 때도, 커피를 마시러 갈 때도, 밥을 먹으러 갈 때도 나는 눈에 띄었다. 처음엔 부담스러웠지만 조금 지나자 그마저도 신경 쓰지 않게 되었다. 아니, 오히려 그 시선을 즐겼다. 쟨 뭐야, 하고 찡그리는 얼굴을 보는 게 좋았다.

나를 알던 사람들은 내 머리를 보고 깜짝 놀라며 퇴사했냐 묻곤 했다. 아니에요, 대답하고 별거 아니라는 듯 웃었다. 당장 퇴사할 수는 없었지만 노란 머리로 회사에 다닐 수는 있었다. 회사 일은 내 맘대로 할 수 없었지만 내 머리 색깔만큼은 내가 결정할 수 있었다.

*

아, 지금 머리색 딱 좋은데. 처음엔 핫핑크였던 머리카락은 색이 빠지며 연한 벚꽃색이 됐다. 이번 주말에 사진 찍으러 가기로 했는데. 이렇게 가다가는 주말 전에 색이 다 빠져 다시 노란 머리가 될 것 같았다. 컬러 유지를 도와준다는 비싼 샴푸를 써가며 노력했지만 머리는 나를 기다려 주지 않았다. 안 되겠다. 오늘은 머리 감지 말아야지. 다행히 푸석한 머리칼은 며칠이 지나도 기름이 잘 끼지 않았다.

벚꽃 빛 머리는 진짜 벚꽃 같았다. 벚꽃 사진을 찍기 위해 벚꽃 만개 시기를 검색하고, 그 날짜에 딱 맞춰 약속을 잡아도 만개한 벚꽃을 보기란 쉽지 않은 일이다. 벚꽃이 덜 피었을 수도, 혹은 비가 와서 이미 져버렸을 수도 있다. 머리도 마찬가지였다. 이때쯤 색이 이쁘게 빠지겠지 싶어서 약속을 잡아 놓으면 아직 색이 덜 빠져 촌스럽거나 너무 많이 빠져 노란색이 되어버리곤 했다. 하루 이틀의 절정을 위해 오랜 시간을 기다리지만 그 타이밍을 허무하게 놓쳐 버리기가 너무나도 쉬웠다.

 사진은 탈색 후 새로 생긴 취미였다. 일이 힘들 때면 다음 머리는 무슨 색으로 할지 검색하곤 했다. 내 머리색을 결정하는 건 중요했지만 새로운 디자인의 최적화된 스위치를 만드는 일에는 전혀 관심이 없었다. 하지만 마치 스위치가 내 인생에서 제일 중요한 일인 것처럼 시간을 쏟아야 했다. 그렇게 나를 갈아 넣어 완성되는 것은 고작 스위치였다. 내 이십 대를, 그것도 몇 년을 소비해 만든 것이 고작 스위치였다. 아무리 의미 부여를 하려고 해도 의미 없게 느껴졌다. 단 며칠간 유지되는 예쁜 색을 세상에 남기기 위해 사진을 찍으러 다니는 시간이 나에겐 훨씬 더 중요했다.

 일 년 반 동안 탈색과 염색을 반복했다. 탈색모는 샛노란 개나리색에서 예쁜 레몬색이 되어갔다. 반면에 머리카락과 두피는 점점 약해졌다. 머리카락이 엉켜서 끊어져 버리는 탓에 머리가 많이 빠지는데, 약해진 두피 때문에 더 많이 빠졌다. 그러다 보니 머리숱도 점점 줄어들었다.

 염색은 여행과 비슷했다. 며칠의 즐거움을 위해 시간과 돈을 쓰고, 없어질 즐거움을 기록하기 위해 강박적으로 사진을 남긴다. 지나고 나면 사진을 보며 그때 좋았지, 추억하면서 다음 여행만을 기다린다. 일 년에 며칠, 길면 일주일. 그게 나를 구원할 것이라 쉽게 착각하고 만다. 하지만 좋았던 사진 뒤에 남아있는 나는 왠지 모르게 아팠다.

 미용실에서 머리를 만지며 말했다. 머리색이 며칠 안 가서 아쉬워요. 디자이너 선생님은 말했다. 그런 색이 지속되길 원한다면 가발을 쓰는 게 낫죠. 나는 말했다. 그냥, 어두운색으로 염색해 주시겠어요?

EP6. 명함의 무게

런던의 어느 역 근처 술집. 내부는 적당히 소란스러웠다. 벽돌로 만든 아치형 구조물 아래의 고동색 나무 문을 열고 들어오면 멋스러운 가구들이 늘어져 있다. 내 앞에 놓인 기네스 맥주도 평소와 달리 더 맛있게 느껴졌다.

그런 이국적인 공간에서 열 명 가까운 한국인들이 맥주를 마시고 있었다. 함께 런던 야경투어를 한 사람들이었다. 예전에는 외국까지 와서 한국 사람들과 노는 게 이해가 되지 않았는데, 요즘엔 한국인들이 더 편했다. 처음 간 곳, 처음 만난 사람들, 적당한 취기. 가벼운 대화가 이어지다 누군가 물었다.

"혹시 무슨 일 하시는지 여쭤봐도 되나요?"

드디어. 기다리던 질문이었다. 나는 되묻는다.

"무슨 일 할 것 같아요?"
"음... 예술 쪽? 아님 디자인?"

내 노란 머리를 본 사람들은 보통 이렇게 말하곤 했다. 나는 웃으며 대답했다.

"아, 저는 자동차 회사 다녀요."
"오, 자동차 회사요? 그럼 어떤 직무이신 거예요?"
"연구원이요. 기계과 졸업해서, 자동차 설계 쪽이에요."

와, 정말요? 멋있어요. 사람들의 달라지는 눈빛에 쾌감을 느낀다. 회사에 가는 건 너무너무 싫었지만, 이 대답을 할 때만은 회사가 좋았다. 이 순간을 위해서 입사한 건가 싶을 만큼 짜릿했다. 그랬다. 회사원이 된 후 가장 좋았던 것은 바로 '명함'이었다.

명함은 그냥 작은 종이일 뿐이었지만 힘이 있었다. 협력사에 전화를 할 때도 회사 이름을 말하면 받는 사람의 목소리가 바뀌곤 했다. 모든 이들이 나에게 친절했다.

나는 별거 아닌 사람이었는데, 명함을 내밀고 나면 별거인 사람이 되었다. 묘한 자신감이 생겼고, 그 자신감에 비례하는 죄책감을 느꼈다. 사람들을 속이고 있는 것 같다는 죄책감이었다. 나는 그렇게 대단한 사람이 아닌데. 내가 뭐라고. 사람들이 칭찬할 때마다 '아니에요.'라고 대답했다. 겸손해서 하는 말이 아니라 진심이었다. 이 회사가, 이 명함이, 내겐 너무 과분하다고 생각했다.

*

삼 년은 빠르게 지나갔다. 퇴사하겠다 다짐했던 날도 어느새 다가왔다. 하지만 준비된 게 없었다. 돈도 생각만큼 모으지 못했고, 하고 싶은 일도 찾지 못했다. 이러지도 저러지도 못하는 사이에 시간은 속없이 흘렀다.

퇴사하지 못하면서도 퇴사하고 싶은 마음에 나는 여기도 저기도 없는 사람이 되었다. 회사에서 마음이 떠나있지만, 그렇다고 어딘가에 속해있지도 않았다. 그냥 아무것도 하기가 싫었다. 퇴근하고 돌아오면 다음 날 출근 전까지 잤다. 열 시간도 자고, 열두 시간도 잤다. 열심히 할 마음이 들지 않았다. 열심히 했는데 잘 안되면 어떡하지? 나의 무능함을 들키기 싫었다. 워라밸을 지키려는 노력은 나를 일에서 점점 더 멀어지게 했다. 난 일하는 게 싫어. 난 원래 일을 싫어해. 집에 가서 누워있는 게 좋아.

곧 퇴사할 거라 생각하고 대충 했던 일은 부메랑이 되어 다시 돌아왔다. 연차가 쌓이니 뒤늦게 공부하기도 힘들었다. 모르는 건 적극적으로 물어보고 공부했어야 하는데, 오래 다닐 생각이 아니었으니 대충 넘어갔던 게 문제였다. 시간이 지날수록 공부를 안 한 게 티가 났다. 신입사원이 다른 선배들에게 질문을 할 때면 옆에서 귀동냥으로 주워듣곤 했다.

*

그렇게 또 일 년이 지나고, 누락 없이 대리로 진급했다. 대리가 되고 후배 신입사원이 들어오자 부담감은 더 커졌다. 나의 무지가 드러날 때마다 부끄러웠고, 이 자리가 내 자리가 아닌 것 같다는 생각은 더 커졌다. 팀을 옮기면 괜찮을까 싶어 팀을 옮겨 봤지만, 오히려 더 힘들 뿐이었다.

명함은 나를 점점 압박했다. 시간이 지날수록, 직급이 올라갈수록, 후배가 많아질수록 더욱더.

나는 도망가고 싶은 맘에 언제든 달려 나갈 수 있게 몸을 가볍게 했다. 하지만 그럴수록 명함에 눌려 납작하게 찌부러졌다. 명함을 버리던지, 나를 단단하게 만들던지. 둘 중 하나를 선택해야 했다. 선택이 지연될수록 나는 망가졌다. 나를 멋진 사람으로 만들어 주던 명함이, 나를 파괴하고 있었다.

☆ Tip. **직면하기**

  너무 아프면 직면하지 못하고 자꾸 피하게 되죠. 저도 피하고 싶은 그 마음, 너무나 잘 알고 있답니다. 하지만 회피하다 보면 더 상처가 커지기 마련이에요. 지금 당장은 아프더라도 현재의 내 상태를 객관적으로 확인해 보세요. 그리고 다가가 보듬어 주고, 내 상처를 치료해 주세요. 외면당하던 작은 아이가 당신의 손길을 많이 기다리고 있을 거예요.

EP7. 자유를 만나다

 회사 상담실에 다니기 시작했다. 존재는 알고 있었지만 바쁘다는 핑계로 한 번도 가보지 않았던 곳. 혼자 정해뒀던 퇴사 날짜가 지나고, 내년엔 진짜 퇴사할 거라 다시 결심했다. 퇴사 전에 회사 복지를 다 받아야겠다는 생각으로 상담실로 향했다. 그렇게 상담을 다닌 지 벌써 일 년이 다 되어갔다.

 상담실은 우리 건물 일 층에 있었다. 계단을 내려가 반대편 복도 사무실로 향하는 척, 혹은 옆 건물 쪽으로 나가는 척 다이어리를 들고 당당히 걷다가 주위를 한번 살피고 상담실로 쏙 들어갔다. 데스크에서 상냥한 접수 선생님이 나를 맞아 주셨다. 접수 선생님은 항상 두 손과 주머니에 과자를 잔뜩 안겨주셨다. 과자와 음료를 먹으며 잠시 기다리다 상담실로 들어갔다.

상담실의 폭신한 의자. 상담사님의 인자한 웃음. 블라인드 사이로 비치는 따뜻한 햇볕. 상담사님은 책상 밑에서 여러 인형을 꺼내 보여주었다.

"이 중에 연구원님이라고 생각되는 인형을 골라보세요."
나는 양 갈래머리를 한 작은 여자아이 인형을 골랐다.

"이 인형에 이름을 붙인다면 뭐라고 붙이고 싶으세요?"
"음... 자유요."

대답과 동시에 깨달았다. 아, 나는 자유가 되고 싶었구나. 나는 자유롭고 싶었다. 그게 지금 나의 가장 큰 욕망이었다. 신기하게도 나를 닮은 인형에 자유라는 이름을 붙였을 뿐인데 내가 다 자유로워진 느낌이었다.

"그리고 상대방을 골라보세요."
가장 크고 강해 보이는 남자 인형을 골랐다.

"연구원님이 고른 이 인형을 연구원님이라 생각하고, 이 상대방 인형에게 말해보세요. 뭐라고 말하고 싶으세요?"
"싫다고, 내가 하고 싶은 대로 할 거라고요."

"말해보세요."

그저 인형이 인형에게 하는 말일뿐이었지만 입이 떨어지지 않았다. 겨우 입을 떼나 싶으면 말보다 눈물이 먼저 나왔다. 선생님의 따뜻한 기다림에 힘겹게 말문을 열었다.

"나도 내가 하고 싶은 대로 해보고 싶어요..."

인형조차 똑바로 쳐다보지 못하고 책상 위의 내 손을 보며 말했다. 겨우 입 밖으로 꺼낸 말도 원래 하려던 말과는 조금 달랐다. 기어들어 가는 목소리로 말하는 내게 선생님은 말했다.

"더 강하게 말하세요. 싫어! 내가 하고 싶은 대로 할 거야!"
"싫어... 내가 하고 싶은 대로 할거야..."
"더 강하게."
"싫어...! 내가 하고 싶은 대로 할 거야...!"

말하다가 결국 울음을 터뜨려 버렸다. 그냥 인형에게 말하는 것 뿐인데, 왜 나는 하고 싶은 말도 제대로 하지 못할까.

상담사님은 내게 물었다. 그렇게 말하면 어떻게 될 것 같으세요? 나는 답했다. 음... 잘 모르겠어요. 그리고 생각했다. 그러게. 어떻게 될까? 딱히 어떻게 될 일은 없었다. 최악의 경우를 상상해 봐도 그렇게 큰일이 일어날 것 같지는 않았다. 나는 성인이었고, 돈도 벌고 있었다. 내가 하고 싶은 대로 한다고 나를 막을 수 있는 사람은 없었다.

　이상했다. 내가 두려워했던 건 뭘까? 그동안은 다른 사람들이 내 자유를 억압하고 있다고 생각했다. 하지만 그게 아니었다. 나를 막고 있었던 건 다른 누구도 아닌 나였다. 나는 나를 직면하기 두려웠다. 내가 선택한 길을 갔다가 잘못될까 두려웠다. 실수하는 게 무서웠고 못난 사람이 될까 걱정됐다. 그래서 편한 길을 택했다. 바로 남 탓이었다. 남들이 하라는 대로 했고, 그게 잘못되면 남의 탓을 했다. 내가 느끼는 불행과 무력감도 남의 탓으로 돌렸다.

　하지만 그 모든 건 나의 선택이었다. 내가 결정한 일이었다. 그동안 남의 말만 듣고 열심히 살아온 내 인생이 아까웠다. 이제라도 나는 나에게, 자유를 줄 수 있을까? 상담실을 나서며, 스스로 붙인 자유라는 이름에 가슴이 두근댔다.

하지만 관성은 무서웠다. 곧 퇴사하겠다는 마음으로 회사를 다닌지가 벌써 사 년이었다. 나는 여전히 퇴사 계획만 세우고 있었고, 그새 스물넷에서 스물여덟이 되었다. 이미 내 이십 대의 절반이 회사에서 흘러갔다. 삼십 대가 되면 과연 퇴사를 할 수 있을까?

양 갈래머리 인형 자유는 가끔 상담실의 책상 위로 올라왔지만, 대부분의 시간 동안은 책상 밑 어느 바구니 속에 얌전히 담겨 있었다.

☆ Tip. **상담받기**

상담을 받는 건 나를 들여다보는 일인 것 같아요. 나에 대해 더 알게 되고, 더 성숙한 내가 될 수 있답니다. 우리 다른 공부는 많이 하잖아요. 상담을 통해 나에 대해서도 공부해 보는 건 어떨까요?

상담 비용이 부담스럽다면, 학교 상담소나 회사 상담소, 혹은 청년들을 위한 국가 지원사업을 이용해 보세요. '청년마음건강지원사업'을 검색하면 확인해 보실 수 있답니다. 또 청년 공간에서 상담을 진행하는 곳도 많더라고요.

EP8. 그냥, 나로 살고 싶어서

점심시간, 회사 안의 공원을 산책하던 중이었다. 빨갛게 물들어 가는 단풍과 선선한 바람. 문득 차를 사야겠다는 생각이 들었다. 사실 오래전부터 해오던 생각이었다. 경기도 끝자락에 있는 회사에 다니며 불편한 점이 한둘이 아니었기 때문이다. 매주 일요일, 사당에서 한 시간 넘게 줄을 서 빨간버스를 타고 기숙사 근처 정류장에 내려 또 삼십 분 동안 시내버스를 기다려야 했다. 택시를 타고 싶어도 택시가 오지 않았다. 특히 비 오는 날이면 같은 빨간버스를 타고 온 동기와 시내버스를 기다리며 진짜 차 사고 싶다, 말하곤 했다.

하지만 나는 퇴사하기 위해 돈을 모아야 했다. 차가 필요하지 않다고 나 자신에게 되뇌며 오 년 동안 차를 사지 않았다. 그렇게 잘 버텨왔건만, 하필 그날은 구매 욕구가 마구 올라왔다.

메일함에서 봤던 임직원 대상 판촉차 이벤트가 생각났다. 눈여겨본 소형차의 가격은 천 팔백만 원. 무리하지 않고 구매할 수 있을 것 같았다. 살까? 아냐, 옛날엔 그렇게 왔다 갔다 힘들었는데도 안 샀잖아. 지금은 기숙사 교통도 더 좋고, 차가 꼭 필요한 건 아니잖아? 꼭 필요하면 렌트하면 되고. 산책하던 공원 안에는 작은 연못이 있었다. 팔뚝만 한 잉어들이 연못 안에 가득했다. 그동안 그렇게 고생했는데 이 정도도 못 사? 차 있으면 주말에 어디 가기도 편하잖아. 놀러 다니기도 좋고. 잉어들은 다리 밑으로 사라졌다가 다시 나타났다가 했다. 그치. 그렇긴 하지. 근데 그럼 퇴사는?

조금 더 걸어가면 공작새가 있는 우리가 있었다. 내 키보다 훨씬 큰 돔 모양의 공작새 우리였다. 그 앞으론 작은 트럭이 왔다 갔다 했다. 너 벌써 스물여덟이잖아. 조금 있으면 스물아홉이야. 서른을 코앞에 두고 퇴사할 수 있어? 아니, 나이는 나이라 치자. 뭐 하고 싶은 건 있어? 이제 여행도 재미없고, 배우고 싶은 것도 없다며. 그냥 집에서 잠만 자고 싶다며. 친구들이랑 술이나 마시고 싶다며. 나이는 먹을 대로 먹고, 그렇다고 옛날 같은 열정도 없는데, 퇴사하는 게 정말 맞아?

트럭 앞엔 비료 포대같은 것들이 쌓여있었다. 공작새의 먹이인 모양이었다. 공작새는 화려한 날개를 펼쳐 보였지만 어두컴컴한 우리 때문인지 그렇게 예뻐 보이진 않았다. 맞아, 네 말이 다 맞아. 근데 그렇다고 평생 이렇게 살 자신도 없어. 당장 하고 싶은 게 없어도 그만둘 수 있잖아. 너 차 산다며. 그 돈 그냥 나 주라. 차 대신 내 시간 좀 사주면 안 돼? 돈 더 모아서 어디다 쓸 건데? 돈 쓸 때 기뻐? 행복해? 아니잖아. 나 돈 안 쓰고 살 수 있어. 한 달에 오십만 원만 쓰고 살 수 있어. 그 돈이면 내 시간 삼 년을 살 수 있어. 많이 써서 백만 원 쓴다고 쳐도 일 년 반은 살 수 있어. 차 사는 것보다, 내 시간을 사는 게 더 행복하지 않겠어?

공작새 우리 앞을 지나 단풍나무 아래 벤치에 앉았다. 알록달록한 나뭇잎들 사이로 시원한 바람이 불었다. 나뭇잎이 움직일 때마다 가을 햇살이 반짝이며 부서졌다. 일 년만 더 모으고, 일 년만 더 모으고, 하다 퇴사하지 못했던 시간들이 생각났다. 이제는 일 년 더 모으는 것보다 내 시간이 더 소중했다. 얼마 남지 않은 내 이십 대가 아까웠다. 그래, 차 대신 내 시간을 사보자. 여전히 퇴사 후에 뭘 해야 할지는 모르겠지만, 나를 믿고 나에게 시간을 선물해 보자.

*

 그렇게 퇴사를 결심했음에도 불안해지는 건 한순간이었다. 퇴사를 하면 다시는 이런 대기업에 입사할 수 없겠지. 이런 연봉을 받을 수도 없겠지. 후회하면 어떡하지? 나 정말 괜찮을까? 이런 생각들이 나를 괴롭게 했다.

 머릿속 소음에도 불구하고 평소와 같이 메일을 확인하고, 전화를 하고, 회의를 갔다. 회의가 끝나고 사무실로 돌아가려던 참에, 같이 회의에 참석했던 분이 말을 걸었다.

 "오늘 회의 고생하셨어요. 말씀을 너무 잘하셔서 책임님이신줄 알았잖아요."

 그날의 회의는 다른 날과 별다를 게 없었다. 매일같이 해왔던 말을 반복했을 뿐이었다. 하하, 감사해요. 웃고 넘어갔지만 별로 기쁘지가 않았다. 오히려 소름이 끼쳤다. 정말 하기 싫은 일이었는데. 피해를 끼치지 않을 정도로만 적당히 해왔을 뿐인데. 다른 사람들이 보기엔 잘하는 것처럼 보이는구나. 어느 정도는 전문가로 보이겠구나. 그 사실이 너무 싫었다. 도망가고 싶었다. 난 아니라고 외치고 싶었다.

하기 싫은 일이었는데도 오 년 동안 계속하니 그 일에 대해 잘 아는 사람이 되어버렸다. 그 시간 동안 하고 싶은 일을 했으면 어땠을까? 못한다고 생각하고 지레 포기했던 것들이 떠올랐다. 돈을 못 벌 것 같아 도전도 안 한 일들이 생각났다. 내가 좋아하고 즐길 수 있는 일을 해왔다면, 더 멋진 사람이 되어있지 않았을까? 하루라도 빨리 그만둬야겠다는 생각이 들었다. 하루라도 빨리 내가 하고 싶은 일을 시작해야겠다는 생각이 들었다.

*

퇴근 후 기숙사 책상 앞에 앉아 다이어리를 꺼냈다. 그리고 하나씩 적어 내려갔다.

- 회사에서 얻은 것
  좋은 사람들, 커리어, 명함, 시드머니

회사엔 정말 좋은 사람들이 많았다. 동기들, 팀원들뿐만 아니라 일하며 만난 다른 팀 사람들, 협력사 사람들과도 친밀하게 지냈다. 하지만 시간이 지날수록 새로운 사람을 만나는 게 꺼려졌다. 친해져봤자 좋을 게 없다는 생각이 들었기 때문이다. 사람에 약한 나에게 그 친밀감은 약점이 되곤 했다. 입사 오 년이 지난 지금, 회사에서 얻은 것 중 하나인 '사람들'은 더 이상 새롭게 얻기 어려웠다.

커리어도 나에겐 의미가 없었다. 퇴사 후 관련 업계에서 일할 생각이 아예 없었기 때문이다. 관련 업계뿐 아니라 공대 관련된 일은 아예 하고 싶지 않았다. 커리어가 쌓여갈수록 오히려 시간이 낭비되는 기분이었다. 조금이라도 어릴 때 그만두는 게 낫겠다는 생각이 들었다.

명함과 시드머니는 참 좋았지만 더 이상 필요하진 않았다. 팀이 바뀔 동안 다섯 종류의 명함을 모았다. 그렇게 많은 명함은 필요 없었다. 경력란에 쓸 한 줄이면 충분했다. 시드머니도 퇴직금까지 합치면 몇 년 쓸 정도는 되었다. 돈을 많이 쓰는 스타일이 아니라서 더 모아도 큰 의미는 없을 것 같았다.

- 회사에서 잃은 것
  웃음, 다정함, 긍정적인 마인드, 열정, 사교성, 내 시간 항상 웃고 다니던 나는 어느 순간 표정이 없어졌다. 잘 웃지도 않았고, 웃을 일도 딱히 없었다. 사람들을 대할 때 다정하던 말투도 바짝 메말라 무기력해졌다. 열심히 일하는 친구를 보면 내 일도 아닌 회사 일을 왜 저렇게 열심히 하는지 이해가 되지 않았다. 하루하루 바쁘게 살던 나는 온데간데없고 시간을 죽이고 있는 나만 남았다. 달라진 내 모습이 싫었다. 지금의 모습이 진짜 나일까? 나를 완전히 잃어버린 것 같았다.

퇴사하면 어떻게 될까? 퇴사하면 얻는 것과 잃는 것도 다 이어리에 적어 내려갔다.

- **퇴사하면 얻는 것**
  내 청춘, 내 시간, 내 행복, 도전해 볼 수 있는 기회

- **퇴사하면 잃는 것**
  사람들의 인정, 은행의 인정, 연봉, 각종 복지 혜택

적어 보니 분명하게 알 수 있었다.
퇴사는 나를 위한 선택이라는 걸.

어떤 이에게는 회사에서 얻을 수 있는 것들이 더 소중할 수도 있겠지만, 나에게는 그것들이 그리 중요하지 않았다. 오 년간 누려왔지만 그로 인해 행복하다고 느꼈던 적은 없었기 때문이다. 그에 비해 얻는 것들은 나에게 가장 소중한 것들이었다. 아니, '나' 그 자체였다.

내가 놓지 못하고 있던 건 내가 아닌 남들의 인정이었다. 남의 인정을 위해 나를 잃고 있었다. 이제는 남이 아닌 나의 손을 잡아보기로 했다.

☆ Tip. 적어보기

퇴사를 고민하고 있다면, 저처럼 퇴사 후 얻는 것, 잃는 것을 적어보세요. 상황에 따라 얻는 게 더 많을 수도, 잃는 게 더 많을 수도 있답니다. 나에게 중요한 것은 무엇인지 파악해 보세요.

EP9. 퇴사해보겠습니다

"퇴사하고 뭐 할 건데?"

퇴사를 결심한 내게 이 질문은 가장 두려운 질문이었다. 퇴사하고 뭘 할지 정하지 못했던 나는 이 질문에 뭐라고 답해야 할지 난감했다.

사실 퇴사 후 계획은 간단했다. 동네 도서관에 가서 마음껏 책을 읽는 것. 자전거를 타고 다니며 한낮의 자연과 햇볕을 누리는 것. 나를 위한 밥을 만들어 먹으며 건강한 몸을 만드는 것이었다. 하지만 이렇게 대답한다면 백이면 백 뜯어말릴 게 분명했다. 쏟아질 만류에 대비하기 위해서라도 그럴듯한 대답을 준비해야 했다.

분명 처음엔 괜찮은 대답을 준비했던 것 같은데, 사람들을 만나 이야기할 때마다 대답이 바뀌었다. 걱정이 많은 어른들에게는 공기업 취업을 준비한다고 말했고, 나를 귀엽게 봐주시는 분들께는 그림을 그릴 거라고 말하기도 했다. 인사팀에는 대학원에 진학할 거라 했고, 동기들에게는 사업을 할 거라고 했다. 아무렇게나 말하고 다녀도 큰일 날 건 없었다. 모두 해보고 싶은 일이었고, 그 순간의 진심이었다.

퇴사하겠다고 말하고 난 후 나는 내가 좋아했던 모든 사람들에게 커피를 마시자고 말했다. 성대한 송별회를 하고 싶었지만, 하필 코로나가 심해져 재택근무를 시작하던 시기였다. 회사를 떠나면 정들었던 사람들을 다시 보기 힘들겠지. 너무 아쉬웠다. 재택근무인 날에도 회사에 나와 가며 열심히 커피를 마셨다.

퇴사 전 대화는 참 신기했다. 몰랐던 진심을 들을 수 있었다. 어떤 동기는 자기도 퇴사 후 바를 차리는 게 꿈이라며 응원해 주기도 했다. 눈을 반짝이며 꿈을 얘기하는 동기의 눈을 보니 내가 다 설렜다. 윗사람들에게 인정받고 팀 내에서 존재감이 컸던 한 책임님은 '이 일이 적성에 맞지 않는다'고 이야기하기도 했다. 누구보다 적성에 딱 맞아 보였던 분이 그런 말을 하니 깜짝 놀랐다. 겉보기와 다른 고충이 있을 수 있겠다는 생각이 들었다. 항상 우직하게 일하시던 다른 책임님도 항상 사직서를 품고 다닌다고 했다. 자유롭게 도전해 볼 수 있는 내가 부럽다며, 할 수 있을 때 다 해보라고 말씀해 주셨다. 마음이 찡했다.

사람들과 대화를 나누다 보니, 퇴사를 꿈꾸는 사람이 생각보다 많다는 걸 알게 됐다. 어쩌면 퇴사하고 뭐 할 거냐는 질문은, 답을 찾고 싶은 그들의 마음에서 비롯된 게 아니었을까? 퇴사 후 무슨 일을 하든 열심히 해서 성공해야겠다는 생각이 들었다. 그들의 삶을 응원할 수 있는 좋은 본보기가 되고 싶다는 생각이 들었다.

*

퇴사 일주일 전, 팀장님께 퇴사 사유서를 제출했다. 어떤 표정을 지어야 할까? 확실히 지금 내가 짓고 있는 표정은 정답이 아니었다. 알고 있었지만 자꾸 웃음이 새어 나왔다. 앗, 이렇게 활짝 웃으면 안 되는데. 조금 더 슬픈 표정을 지어보자. 슬픈 생각을 하려고 해도 자꾸 웃음이 나왔다.

퇴사 하루 전, 점심시간에 팀원들 몇몇과 함께 회사 앞 삼겹살집으로 향했다. 마지막인데 술도 못 마셔서 아쉽네. 맥주나 한 잔 할까? 하하, 웃으며 삼겹살에 콜라를 곁들여 먹었다. 밥을 먹고 회사로 들어가는 길에 한 책임님이 내 옆으로 다가와 물었다.

"퇴사를 앞둔 심경이 어때? 불안하지 않아?"
"아뇨, 설레는데요. 막 기대되고 그래요."

책임님은 나를 따라 웃었다. 그리고 잘 됐으면 좋겠다고 말해줬다. 그러게. 잘 돼야지. 한겨울의 앙상한 나뭇가지에도 마음이 두근거렸다.

퇴사하는 날, 회사는 평소와 똑같았다. 퇴직 인사 메일을 쓰고 컴퓨터를 반납했다. 회사에 있는 사람들과 커피를 마시고, 조금 남은 짐을 챙겨 회사 밖으로 나왔다. 이제 다시는 돌아올 수 없겠지. 내가 좋아했던 사람들, 회사에서 울고 웃던 시간들. 자주 가던 카페의 커피 향과 활기찬 소음, 잘 꾸며진 공원 안의 공작새와 잉어들. 그것들을 뒤로한 채 회사 밖으로 발을 내디뎠다. 설레는 마음으로, 한 걸음 앞으로.

에필로그

가끔, 퇴사하지 않았으면 어땠을까 생각하곤 해요. 퇴사하면 얻는 것, 잃는 것을 적어 내려가다 잃는 것이 더 크다고 느꼈다면. 나에게 중요한 게 안정성과 보장된 미래였다면. 회사를 선택했어도 그 나름의 행복하게 사는 방법이 있었겠죠.

어떻게 결정하든 중요한 건 선택 이후의 태도인 것 같아요. 회사와 퇴사, 둘 중 하나를 선택했다면 뒤를 돌아보지 않는 것. 내가 선택한 것에 기뻐하고, 내가 선택하지 않은 것에 미련을 가지지 않는 것. 무엇을 선택하든 잃는 것은 있기 마련이니까요. 잃은 것보다는 얻은 것에, 가지지 못한 것보다 가진 것에 집중해서 살아가면 조금 더 기쁘게 살아갈 수 있는 것 같아요.

퇴사 후의 저는 어땠냐구요? 퇴사 직후의 저는, 하고 싶은 일보다 해야 할 것 같은 일을 찾아다녔답니다. 습관은 어쩔 수 없나 봐요. 퇴사 후 일 년 넘게 이것저것 도전해 봤어요. 진로직업 큐레이터 수업을 듣기도 하고, 직업상담사 공부를 하기도 하고, 부동산 공부에 빠져 지내기도 하고, 결혼도 하고(!!), 인스타툰을 그리다가, 블로그와 무자본 창업을 공부하기도 하고, 전자책을 만들고, 출판사를 차렸다가 곧바로 폐업하기도 하고, 그림 모임, 진로 모임, 아침 습관 모임, 독서 모임을 만들기도 하고, 취업 전선에 다시 뛰어들어 토익 공부를 하며 자소서를 쓰기도 하고, 원하던 대로 책을 백 권 넘게 읽기도 했네요.

뭔가를 할 때마다 '내가 이러려고 퇴사했나?' 하는 자괴감이 들어 금세 그만두길 반복했어요. 그렇게 그만두는 게 바보같이 보이기도 했지만, 하나하나 해나갈 때마다 내가 하고 싶은 게 무엇인지 조금씩 명확해졌던 것 같아요.

그렇게 일 년이 넘는 방황 끝에 '내 글을 쓰고 싶다'라는 욕망을 발견했어요. 그리고 글을 쓰기 시작했죠. 그 마음이 이제야, 당신에게까지 와 닿았네요.

저의 미래는 저도 잘 모르겠어요. 아직 하고 싶은 게 너무 많답니다. 진로 모임도 만들고 싶고, 인스타툰도 그리고 싶고, 글도 계속 쓰고 싶어요. 어쨌든 뭔가를 계속해서 만들어 내고 있을 것 같아요. 그 과정에서 또 길을 잃기도 하겠지만, 제 목소리를 들으려고 노력하고, 그 목소리를 따라가는 삶을 살아보려구요.

저의 이야기는 여기까지랍니다. 제 이야기를 들어주셔서 감사해요. 당신의 이야기도 궁금해요. 우리 언젠가, 어디선가 만나, 서로의 선택에 대해 이야기 나눠요. 당신이 어떤 선택을 하든 그 선택을 존중하고 응원할게요.

그냥, 나로 살고 싶어서

ⓒ잘자유 2023

초판1쇄	2023년 05월 02일
초판2쇄	2024년 02월 15일
지은이	잘자유
편집	잘자유
디자인	잘자유
대표메일	mia7722@naver.com
인스타그램	@well.freedom
블로그	https://blog.naver.com/well-free
브런치	https://brunch.co.kr/@well-freedom

책값은 앞날개에 있습니다. 이 책은 저작권법에 따라 보호받는 저작물이므로 무단전재와 무단복제를 금합니다. 잘못 만든 책은 구입하신 서점에서 바꾸어드립니다.

자동차 회사의 자유씨

잘자유 소설집

계속 쓸 용기를 주신
아람누리 소설교실과 이건모 분들,
그리고 나의 대주주님에게.

자동차 회사의 자유씨

인턴 자유	6
개천용과 바다용	16
즐거운 팀회식	26
만년대리 차대리	40
강철노조	46
돈까스를 사수하라	52
여름휴가	60
협력사 박과장	74
불편한 칭찬	108

인턴 자유

'저게 벤츠고.. 저게 아우디. 아, 저건 폭스바겐이구나.'

월요일 아침 여섯 시. 왕복 8차선 도로 앞에 서서 출근 버스를 기다린다. 똑같은 패딩을 입고 졸린 표정으로 늘어서 있는 사람들 사이에서 쌩쌩 지나가는 자동차의 엠블럼을 바쁘게 확인한다. 숙제를 하기 위해서였다. 사수인 강 책임이 내준 숙제 덕분에 길거리의 자동차를 유심히 들여다보게 되었다. 그랬다. 나를 인턴으로 뽑아준 회사는 자동차 회사였다.

나는 자동차에 관심이 없었다. 몇 달 전 일화만 봐도 알 수 있었다. 하늘이 파랬던 어느 날, 친구가 차를 가져왔다며 기숙사 앞으로 나오라고 했다. "하얀 아반떼로 오면 돼." 시간에 맞춰 기숙사 앞으로 나가 차들을 살펴봤다. 눈에 띄는 하얀 차로 다가가 문 손잡이를 잡아당기며 소리쳤다. "문 좀 열어줘!" 문 대신 짙은 선팅이 된 창문이 지잉 하고 내려갔다. 모르는 사람이 당황한 표정으로 나를 바라봤다. "누구세요?" 친구의 차는 그 차 바로 뒤에 있었고, 내가 문을 열려고 했던 차는 아반떼가 아니라 그랜저였다.

어렸을 때도 장난감 자동차보단 인형을 좋아했다. 내 조카는 다섯 살이지만 나보다 자동차에 대해서 더 잘 알았다. "하율아, 저 차 뭐야?" 차 안에서 장난감 자동차를 가지고 놀던 조카가 내가 가리킨 차를 슬쩍 봤다. "제네시스!" "우와, 하율이 대단한데~?" 이 정도는 되어야 자동차 회사를 가는 것 아닐까. 하지만 어쩔 수 없었다. 다른 회사에 간다고 해도 알 수 없는 기계나 들여다볼 뿐이겠지. 차라리 길에서 흔히 볼 수 있는 자동차가 나을 것 같기도 했다.

*

내가 받은 숙제는 '경쟁차 분해 분석'이었다. 분해든 분석이든 하려면 일단 어떤 경쟁차가 있는지 알아야 했다. 아침마다 자동차를 들여다보게 된 이유였다.

경쟁차 분해 분석은 쉬운 듯 어려웠다. 샘플실엔 우리 회사 샘플과 경쟁사 샘플이 잔뜩 쌓여 있었다. 그걸 종류별로 골라 하나씩 분해하면 됐다. 어떤 샘플은 드라이버만으로 해체가 되지 않아 망치를 구해와 부수기도 했다. 분해한 샘플을 펼쳐두고, PCB 패턴에 차이점이 있는지, 기구적인 구조가 어떻게 다른지, 그리고 그냥 눈으로 보기에 다른 점들이 있는지 하나씩 기록했다.

부순 조각들을 커다란 카메라로 찍기도 했다. 보안 때문에 핸드폰 카메라는 이용할 수 없었다. 주머니에 있는 내 핸드폰엔 카메라가 세 개나 달려있었지만 곳곳에 까만 스티커가 붙어 있었다. 사진을 찍기 위해 팀의 카메라 담당자에게 연락해 장부를 쓰고 카메라를 빌렸다. 담당자는 항상 바빠 보였다. 바쁜 사람의 시간을 뺏는 것 같아 미안한 마음에 한 번 빌릴 때 최대한 많은 사진을 찍었다.

회사에서 인턴이 할 수 있는 일은 많지 않았다. 이렇게라도 할 일이 주어진 게 다행이었다. 아무도 없는 샘플실에서 혼자 샘플을 부수고, 샘플 내부가 어떻게 다른지 세세히 살피고, 각 회사 제품의 특징을 수첩에 적고, 커다란 카메라로 사진을 찍었다. 그리곤 사무실 자리로 돌아가 컴퓨터 앞에 앉았다. 파워포인트를 열어 적어온 내용과 찍어온 사진을 하나하나 옮겼다.

내가 잘 하고 있는 건지 알 수 없었다. 아니, 사실은 뭘 하고 있는지조차 잘 몰랐다. 운전면허도 없었던 나는 그 부품이 언제 쓰이는 건지, 어떻게 쓰는 건지도 몰랐다. 유튜브에 검색해 사용법을 찾아보고, 아빠 차에 들어가 살펴 보기도 했다. 그래도 여전히 어려웠다.

가끔 사수인 강 책임에게 피피티를 보여주었다. 내가 보기엔 큰 차이인 것 같은 것을 별거 아닌 것처럼 넘어가기도 했고, 별거 아닌 것 같은데도 잘 찾았다고 칭찬을 해주기도 했다. 강 책임이 칭찬해 준 것을 맨 앞에 넣어 피피티 자료를 다시 만들었다.

*

경쟁차 분해 분석이 어느 정도 진행되고, 발표 준비를 시작할 때 즈음이었다. 강 책임이 먹고 싶은 게 있냐고 물었다. '먹고 싶은 건 많은데요. 책임님이랑 먹고 싶은 건 딱히 없는 것 같아요'라고는 차마 말하지 못해 '아무거나 잘 먹습니다'라고 예의 바르게 답했다. 강 책임은 사수와 부사수간의 친목을 다지라며 멘토링 비용이 지급되었다며, 비싼 데를 가도 되니 맛있는 걸 먹자고 했다.

"자유씨, 참치 먹어봤나?"
"아뇨, 특별히 먹어본 적은 없습니다."
"그럼 참치나 먹으러 갈까?"
"네! 좋습니다."

매일같이 야근을 하는 강 책임이 그나마 눈치를 덜 보며 퇴근할 수 있는 건 수요일이었다. 수요일은 가족의 날로, 저녁 식사가 제공되지 않았기 때문이다. 하지만 평소의 강 책임은 수요일이든 금요일이든 항상 야근을 했다. 특별히 그 주의 수요일엔 나와 함께 정시에 퇴근했다.

다섯 시가 되자 한 무더기의 사람들이 사무실 밖으로 쏟아져 나왔다. 강 책임과 나도 사무실에서 나와 사당행 퇴근

버스로 향했다. 사당역으로 가는 버스는 참 많았다. 사당 1, 사당 2, 사당 3, 사당 4... 강 책임과 따로 타고 싶었지만 사무실에서부터 같이 걸어와 자연스레 같은 버스로 향했다. 우리는 사당 2 버스 옆자리에 앉았다. 다행히 버스 안은 조용했다. 나와 강 책임은 각자 핸드폰을 하며 시간을 보냈다.

길고 긴 정체 끝에 사당역에 도착해, 강 책임이 예약해놓은 참치집으로 향했다. 추천받은 메뉴와 술을 시키고, 어색하게 몇 번 웃은 뒤, 적당한 말을 꺼냈다. 머릿속은 이야깃거리를 찾느라 분주했다. 너무 회사 이야기는 아니면서도, 너무 개인적인 이야기는 아닌 그런 소재를 꺼내야 했다.

강 책임은 은근히 스몰토크를 좋아했다. 특히 좋아하는 건 여행 이야기였다. 본인이 다녀온 멕시코 출장 이야기, 러시아 출장 이야기, 그 나라에서 먹은 음식 이야기, 겪었던 무용담들... 해외여행을 한 번도 가본적 없는 나는 흥미로운 척 고개를 끄덕이며 강 책임의 이야기를 들었다. 세계지리를 싫어했던 나는 사실 그 나라가 어디 붙어있는지도 제대로 몰랐다.

적당히 맞장구를 치며 나온 참치를 먹었다. 참치는 생각했던 것과 달랐다. 느끼했고, 차가웠고, 비렸다. 빨갛고 흐물거리는 참치 조각은 내 목구멍으로 들어가다가 덩어리째 식도에 걸려버렸다. 옆에 있던 김과 와사비를 주워먹으며 겨우 참치를 삼켰다. 비싼 음식들 중 가장 맛있었던 건 사이드로 나온 단호박 튀김이었다.

　강 책임은 라떼 이야기도 참 좋아했다. 내가 취직할 땐 이렇게 취직하기 힘들지 않았는데, 요즘 애들한테 미안하다고 말했다. 어떤 게 미안한지 모르겠지만 그런 얘기를 듣는 이 상황이 더 불편했다. 요즘 애들은 스펙도 좋고 똑똑하다고 했다. 나는 별로 그렇지 않은데, 똑똑해야 할 것 같아 부담스러웠다. 요즘엔 회사가 참 많이 좋아졌다고 했다. 내가 보기엔 회사는 아직 이상한 점 투성이었다.

"자유씨 열심히 하는 모습 참 보기 좋아."
"앗, 감사합니다!"

　강 책임은 나를 열정적인 인턴으로 생각하는 듯했다. 나는 그저 시킨 대로 했을 뿐인데. 강 책임이 나를 좋게 봐주는 건 고마운 일이었지만 그럴수록 참치 조각은 내 목구멍에서 맴돌았다. 결국 나는 체하고 말았다. 초등학교 육학년 때 동생들이 뺏어 먹을까 봐 딸기를 급하게 주워 먹은 날 이후로 처음이었다.

*

나는 내가 사람을 잘 파악하는 편이라고 생각했다. 하지만 강 책임이 어떤 생각을 하는지는 도저히 예측할 수 없었다. 그는 항상 웃었다. 빙글, 빙글. 하고 싶은 말을 바로 하지 않고 돌려 말했다. 빙글, 빙글. 알 수 없는 상황에 나는 스트레스를 받았다. 그동안 많은 사람들을 만났지만 이렇게 불편한 느낌은 처음이었다. 나를 평가하는 사람인 동시에 나를 도와줄 수 있는 유일한 사람. 행동 하나하나를 할 때마다 조심스럽고 신경 쓰였다.

"이거 크기가 다르다고 했지? 우리 제품은 몇 mm고 경쟁사 제품은 몇 mm 인지 확인해 봐."

어느새 최종 발표가 며칠 앞으로 다가왔다. 강 책임에게 확인을 받을 때마다 발표 자료는 디테일해졌다. 회사에선 숫자가 중요했다. 숫자에 약한 나는 이런 디테일이 힘들었다.

크게 달라 보이지도 않는 걸 측정해서, 파랗고 진한 글씨로 표기하는 게 불편했다. 경쟁사 대비 160%, 230% 따위의 숫자를 피피티에 써나갔다. 뭐가 좋고 나쁜지 알지도 못하면서 숫자를 이용해 과대광고를 하는 잡상인이 된 것 같았다.

숫자로 가득한 프레젠테이션 덕분인지, 최종 발표는 좋은 분위기로 마무리됐다. 강 책임은 말했다. "이제 이 부품에 대해서는 자유씨가 제일 잘 알 거야. 우리는 일하느라 바빠서 이렇게 자세히 볼 시간이 없거든." 아직 입사하지도 않은 내가 이 부품에 대해 제일 잘 아는 사람이라니. 진심일까 싶었지만 입사 후에야 알게 되었다. 그 말이 틀린 말은 아니었다는걸.

개천용과 바다용

"요즘엔 개천에서 용 난다, 그런 거 없어요. 여기 있는 신입사원들만 봐도 알잖아. 좋은 교육 받은 애들이 좋은 대학 가고, 좋은 대학 간 애들이 대기업 오지. 여기 찢어지게 가난하고 어려운 사람 있어요? 하하. 개천 용 그런 거 다 옛말이라니까."

그 흙수저가 접니다, 하고 손을 들고 싶었지만 사람들을 따라 하하 웃고 말았다. 우리 전무님 유머감각도 참, 하는 긍정의 웃음이었다. 신입사원 간담회는 화기애애한 분위기에서 이루어졌다. 상반기에 입사한 열두 명의 신입사원이 회의실 테이블에 둥글게 앉아있었다. 갓 졸업한 신입사원들은 공장 잠바 같은 회사 근무복을 똑같이 입고 있었다. 근무복 앞섶에는 이름이 잘 보이게 달아놓은 사원증이 반짝거렸다.

전무는 오십 대였지만 실제 나이보다 젊어 보였다. 배도 나오지 않고 늘씬했다. 항상 머리를 올리고, 시계를 차고, 정장에 구두를 신고 다녔다. 사무실의 모든 사람들은 그의 구두 소리를 알아챌 수 있었다. 대학 졸업반 딸이 있다고 했었나. 개천에서 나는 용이 없을 거라고 생각하는 건지, 아니면 없었으면 좋겠다고 생각하는 건지, 혹은 없어야 한다고 생각하는 건지 알 수 없었다. 나는 그의 앞에서 없는 사람이 되었다.

*

나의 아빠는 회사원이 아니었다. 아빠는 트럭에서 신발을 팔았다. 아빠가 회사원이라고 하는 친구들을 보면 신기했다. 가끔 친구들과 번화가에 놀러 갔다가 아빠의 신발 트럭을 만나면 못 본 척 피해 가곤 했다. 아빠는 다리가 불편했다. 우리 가족은 항상 이름 모를 중국산 운동화만 신었다.

우리 엄마도 회사원이 아니었다. 엄마는 회사원들에게 녹즙을 배달했다. 새벽 다섯시에 나가 역삼동의 빌딩 숲을 돌았다. 하루 종일 걷고, 녹즙을 먹어서 그런지 엄마는 건강했다. 우리 삼 남매는 녹즙 샘플을 먹고 무럭무럭 자랐다. 막내는 당근과 사과가 섞인 달달한 녹즙 샘플을 매일같이 먹고 키가 180까지 자랐다.

엄마와 아빠는 교회에서 만났다. 작은 교회였다. 아빠는 스물일곱에 하나님을 만나 서른까지 아무 일도 안 하고 성경만 읽었다. 엄마는 스물다섯에 그런 아빠를 만나 결혼했다. 둘은 하나님 나라의 번영을 위해 아이를 많이 낳았다. 스물다섯, 스물일곱, 스물아홉에 아이를 낳은 엄마는 스물아홉에 세 아이의 엄마가 되었다.

부모님은 하나님의 나라를 위해 열심히 일했다. 십일조는 당연하고, 건축헌금, 감사헌금, 선교헌금을 했다. 교회도 집안도 나아지는 것은 없었지만 열심히 봉사했다. 가족 여행을 갈 시간과 돈은 없었지만 교회 수련회는 갔다. 월요일부터 토요일까지 쉼 없이 일하고 일요일엔 교회에 갔다. 오전 아홉 시, 오전 열한 시, 오후 두 시 예배를 드리고 교회 청소를 한 후 저녁 시간이 돼서야 집에 도착했다. 그리고 다시 월 화 수 목 금 토를 일했다.

새벽부터 새벽까지 일하느라 아이들에게 신경을 많이 써 주진 못했지만 세 아이는 번듯하게 자랐다. 열심히 교회에 봉사한 덕분이었다. 하나님의 복을 받은 탓이었다. 세 아이는 모두 공부를 잘했고 좋은 대학에 갔으며 그중 첫째는 보란 듯이 대기업에 입사했다.

*

"자유씨, 지금 집 사. 내가 자유씨였으면 당장 집 샀어."

남 책임은 또 이상한 이야기를 한다. 집을 사라는 말이었다. 입사한 지 몇 개월 되지 않은 나에겐 남 책임의 말이 전혀 와닿지 않았다. 우리 아빠도, 엄마도 집이 없었다. 집을 살 수 있다는 생각조차 해본 적이 없었다. 대학생 때는 보증금 오백에 월세 삼십만 원이 없어 4인 1실 기숙사에 사 년을 살았다. 기숙사비도 없어 생활비 대출을 받았다. 입사 후엔 회사에서 기숙사가 제공되어 기뻐하며 입주한 참이었다. 그런데 지금 삼 억짜리 집을 사라고? 나에게는 그 말이 평생 회사의 노예가 되어 살라는 소리로 들렸다.

"제가 집을 어떻게 사요~ 돈 없어요. 하하."

남 책임의 말을 한 귀로 듣고 한 귀로 흘렸다. 다른 사람들이 부동산 이야기를 할 때도 멍 때리고 있기 일쑤였다. 끊임없는 부동산 이야기에 한 번은 삼억짜리 집을 사려면 회사를 얼마나 다녀야 하는지 계산해 보았다. 한 달에 백만 원씩 모은다고 하면 일 년에 천이백만 원, 삼억짜리 집을 사려면 이십오 년을 모아야 한다. 절약해서 이백만 원씩 모은다고 하면 일 년에 이천사백만 원. 십이 년 하고 반년을 모아야 한다. 고작 집 하나 때문에 이십오 년, 십삼 년을 회사에서 썩는다고? 도저히 있을 수 없는 일이었다.

회사에서 사람들의 단골 대화 주제는 부동산과 주식, 그리고 야구였다. 세 가지 모두 생소한 주제였다. 내가 관심 있는 건 연애, 여행, 그리고 퇴사였다. 스물넷의 사회 초년생인 나에겐 어쩌면 당연한 이야기였다.

*

K는 같은 팀 동기들 중 하나였다. K는 나와 같은 나이에, 키도 외모도 비슷했다. 부모님에 대한 생각도 비슷했다. 우리는 아빠를 미워하고 엄마를 연민했다. 우리는 항상 할 얘기가 많았다. 하루에도 공원을 몇 바퀴씩 돌았다.

집에 대한 생각도 비슷했다. 우리는 왜 비싼 아파트를 사는지 이해하지 못했다. 나는 회사 기숙사에 살았다. 세 명이 한 집에 사는 기숙사에 만족했다. 이십삼 년 동안 '내 방'을 가져보지 못했기에 처음 가져 보는 '내 방'이 행복했다. 비록 몇 년 후엔 기숙사를 나가야 했지만 더 큰 집, 더 좋은 집에 대한 욕구는 없었다.

K는 회사 근처 빌라에 살았다. 회사는 촌구석에 있었다. 대중교통으로 서울에 가려면 두 시간이 넘게 걸렸다. 그나마 있는 빨간 버스도 한두 시간에 한 번 왔다. 그런 회사에서 차를 타고 논밭을 십 분 정도 달리면 작은 신도시가 나왔다. 그 신도시의 신축 빌라들은 가격이 저렴했다. K는 전세자금 대출을 받아 구천만 원에 투룸 전세를 구했다. 수중에 돈이 조금이라도 모일 때마다 꼬박꼬박 전세자금 대출을 갚았다. 그리곤 회사에서 가까운 집이 최고라고 말했다. 죽을 때 가져가지도 않는 집을 '소유'하는데 돈을 쓰는 것을 이해하지 못했다.

흙수저 출신에 돈에 관심 없는 우리는 베스트 프렌드가 되었다. 우리는 누가 시킨 것도 아닌데 항상 인터넷 쇼핑을 하며 최저가를 찾았다. 대기업에 다니게 되었음에도 불구하고 소비 습관은 학생 때와 비슷했다.

"K, 신발 샀어? 새거 같은데?"

"지난주에 11번가에 핫딜 떠서 샀잖아. 포인트 쓰고 할인받아서 한 켤레에 삼만 원대에 샀어. 브랜드 있는 신발 처음 신어보는데 확실히 좋긴 하다. 옛날엔 이만 원 넘는 신발은 절대 안 샀는데. 자유 너 그 옷 처음 보는데? 주말에 집에 갔구나?"

"응, 동생이 자기한테 안 어울린다고 줬어. 괜찮은 듯?"

우린 명품은커녕, 여전히 오만 원이 넘는 신발, 삼만 원이 넘는 옷도 사지 못했다. 사고 싶은 걸 참은 게 아니었다. 사고 싶다는 생각조차 들지 않았다. 그런 서로와 대화하는 게 편안했다. 개천 용에겐 개천 냄새가 났다.

*

"그 쇼핑백은 뭐야?"

회사 도서관에 책을 빌리러 갔다가 동기 S를 만났다. 같은 팀인 S는 얼마 전에 결혼을 했다. 회사 기숙사에 살다 결혼과 동시에 수원에 아파트를 사서 이사를 갔다. 기숙사에 살 때는 동기들과 다 같이 술도 많이 마셨는데, 이제는 얼굴 보기도 힘들었다. 역시 결혼은 하면 안 돼. 생각은 이상한 곳으로 튀었다. 결혼하고 집을 사면 진짜 회사의 노예가 될 것 같아 두려웠다. 그런 S가 쇼핑백을 들고 어딘가로 가고 있었다.

내 질문에 S가 주위를 살피며 쇼핑백을 슬쩍 열어서 보여주었다. 쇼핑백엔 오만 원짜리 지폐가 빼곡히 들어 있었다.

"은행 가는 중이야."

놀란 나는 S를 쳐다봤다. S는 설명했다.

"여기 신도시에 아파트 청약하는데 분양받으려고. 계약금 삼천만 원이야. 몇 주 뒤에 2차 분양 있는데 너도 넣어 봐. 중도금 무이자 대출도 돼."

"이 시골에 분양을 받는다고? 아니, 그건 그렇고 왜 돈을 이렇게 들고 다녀?"

"엄마가 주신 돈인데, 축의금 받은 돈이라 말하고 입금하려고."

삼천만 원이라니. 쇼핑백에 빼곡히 들어간 삼천만 원은 생각보다 가벼웠다. 여러 생각이 머릿속에 떠돌았다. 수원에 집이 있는데 또 집이 필요한가? 이 시골에 분양을 받으면 여기 살아야 하는 거 아닌가? 중도금 무이자는 무슨 말이지? S는 이런 걸 누구한테 배웠을까? 고작 두 살 차이의 S가 어른처럼 느껴졌다. 그에게서 바다 냄새가 나는 듯했다.

즐거운 팀 회식

 오랜만에 하는 팀 회식은 시끌벅적했다. 오늘의 메뉴는 삼겹살. 연구소 후문 앞에 있는 '삼겹집'은 사람으로 가득 차 있다. 걸어가면 십오분 정도 걸리는 애매한 거리에 있는 대신 고기가 맛있고 장소가 넓어 회식하기 무난한 곳이었다. '삼겹집' 이름이 붙어있는 십오 인승 미니버스는 연구소 후문에서 삼겹살집으로 사람들을 계속해서 실어 날랐다.

"자유씨, 잘 마신다는 소문이 진짜였네. 잔이 비었어."
"하하. 감사합니다. 한잔 주세요."
"아, 소주가 없네."
"술 떨어졌어요? 제가 가서 가져올게요."

스무 명, 마흔 명이 와도 회식이 가능한 '삼겹집'은 오늘도 풀방이다. 우리 팀은 4번 방이다. 복도를 쭈욱 지나가면 나오는 4번 방에는 여섯 개의 테이블이 길게 놓여 있다. 방이라고 하지만 문은 달려있지 않다. 문틀만 있을 뿐이다. 살짝 알딸딸한 상태로 4번 방에서 나와 계산대 옆 술 냉장고로 향한다. 뚫린 문들 사이로 들려오는 다른 방 사람들의 목소리가 아까보다 한층 높아졌다. 소주 두 병을 꺼내며 계산대 쪽을 향해 소리친다.

"4번 방 소주 두 병 가져갈게요!"

*

"윤 책임님, 지난번 김 대리 결혼식장에 데려왔던 애기 진짜 이쁘던데요. 몇 살이에요?"
"일곱 살. 걔가 둘째야. 아주 성격이 드러워."
"얼굴만 잘생기면 됐죠 뭐. 저한테 누나라고 부르던데. 이쁘게 키워서 저한테 장가보내세요."
"야, 열일곱 살 차이야. 너 철컹철컹해."

"전 연하 좋아해요, 책임님. 오늘부터 아버님이라고 불러도 될까요?"
"애가 성격이 드러워서 너 감당 못해. 내가 잘못 키웠어."
"제가 책임질게요, 아버님. 한잔하세요. 짠-!"

옆자리 윤 책임은 벌써 얼굴이 벌게졌다. 목소리도 평소보다 세 톤 정도 높은 술톤이다. 같은 팀이지만 다른 그룹이라 평소에는 말 한마디 않는 사이이지만, 술자리에서만큼은 절친이 된다. 오히려 같이 일할 일이 없기에 더 막 대할 수 있다. 주변 사람들이 우리를 보며 웃고, 윤 책임이 당황하는 모습을 보다 보면 더 선을 넘는 말을 하게 된다. 이래도 되나. 뭐, 재밌으면 됐지. 아무 생각 없이 말할 수 있는 술자리는 재밌다.

앞자리에 앉아 있던 홍 책임은 상기된 얼굴로 깔깔 웃으며 윤 책임과 나를 재밌다는 듯이 쳐다봤다. 홍 책임의 술잔을 보니 아직 술이 남아있는 게 보였다.

"홍 책임님, 잔이 아직 있으신데요? 아직도 안 드셨어요?"
"아냐, 지금 먹으려고 했어."
"얼른 드세요. 저희 또 짠해야죠."

홍 책임은 얼른 술잔을 비웠다. 나는 홍 책임이 내려놓은 술잔을 매의 눈으로 스캔했다.

"에이, 책임님, 밑 잔 까시는 거예요? 이건 아니죠~"
"아니, 일부러 그런 거 아냐. 몰랐네. 벌써 취했나 봐."
"취하긴요. 멀쩡해 보이시는데. 얼른 드시고 받으세요."
"하하. 정말 자유씨는 못 당한다니까."

홍 책임이 술잔을 비우는 걸 끝까지 보고 다시 소주를 졸졸, 따른다. 홍 책임도 같은 팀이지만 다른 그룹에서 일한다. 역시 같이 일하는 사람들보다 다른 그룹 사람들과 노는 게 편하다. 다음날이면 업무 이야기를 해야 하는 사람들에게 이렇게 편하게 대하기는 어렵다.

"윤 책임님, 93학번이라고요? 전 93년생인데."
"아이, 진짜. 너 일루 와봐."
"하하. 한잔해요, 한잔해. 짠-, 저 93학번은 처음 봐요."
"그 정도면 얼마 차이 안 나지."
"정말요? 그럼 말 놔도 돼요?"
"말 놔, 편하게 해."
"영수야, 짠할까?"

"얘 좀 봐라. 그래, 친구 하자, 친구."

앞에서 술을 마시던 홍 책임도 한마디 했다.

"와, 자유씨 93년생이야? 부모님은 연세가 어떻게 되셔?"
"어머니는 69년생, 아버지는 65년생이에요."
"와... 진짜 딸 뻘이구나."
"책임님은 몇 년생이신대요?"
"자유씨 어머니와 아버지 나이 사이야."
"우와, 진짜요? 저 엄마 아빠랑도 친해요. 책임님도 친구로 쳐드릴게요."
"에이, 무슨 친구야. 술이나 마셔."
"하하. 짠 해요, 짠-!"
"그래, 짠이나 하자. 짠-!"

이런 회식이라면 자주 해도 좋을 것 같았다. 맛있는 고기를 먹고, 업무와 상관없는 쓸데없는 이야기를 하며, 스트레스를 푸는 회식. 팀장님만 내 옆으로 오지 않는다면 회식은 재밌을 수 있었다.

*

회식 다음날 아침. 사무실은 전화 소리도 울리지 않고 조용하다. 사수인 남 책임도 의자에 푹 퍼져 있다. 그렇다고 여덟시부터 커피를 마시러 가기는 눈치가 보인다. 아홉시쯤 되자 메신저가 울린다. 김 대리가 만든 채팅방이다. 김 대리는 나와 남 책임을 초대했다.

[커피 한잔하실까요?]
[좋아요! 카페로 가실까요?]
[그래, 일 층 카페로 가자.]

김 대리는 대각선 자리에서 슬쩍 일어나더니 나와 남 책임에게 눈을 맞춘다. 나는 고개를 끄덕이곤 나갈 준비를 한다. 김 대리는 먼저 자리에서 일어난다. 나도 괜히 다이어리를 손에 들고 일어나 본다. 남 책임은 슬슬 나올 준비를 한다. 복도로 나가니 김 대리가 기다리고 있다. 잠시 남 책임을 기다렸다가 셋이 같이 일 층으로 내려간다.

"와, 자유씨 어제 많이 마시는 것 같던데 괜찮아?"
"에이, 그 정도야 끄떡없죠. 아아로 해장하면 돼요."
"난 진짜 죽을 것 같다. 너무 많이 마셨나 봐."
"잘 드시면서 엄살은. 책임님도 아아로 해장하세요."

"그래야겠다. 오늘은 내가 살게."
"우와! 감사합니다."
"오 책임님, 잘 마시겠습니다!"

일 층 카페는 아직 좀 한가하다. 그래도 우리 팀 사람들이 곳곳에 보였다. 우리는 셋 다 아이스 아메리카노를 시키고 햇빛이 드는 창가 자리로 향했다.

"아, 아홉 시네. 주식 봐야지."
"저 완전 파란불이에요. 책임님은 어떤 종목 있으세요?"
"요즘에 중공업 쪽이 괜찮은 것 같더라구. 지금 10% 정도 수익이야."
"우와, 진짜요? 그래서 오늘 커피 사신 거예요?"
"아냐. 근데 내가 보기엔 이거 더 오를 것 같아."
"30% 찍으면 치킨 사주세요."
"오, 진짜 치킨 사주시는거예요?"
"아니, 무슨 치킨이야."
"30% 찍으면 치킨 먹으러 가요. 꼭 말씀해 주셔야 돼요."
"우와, 치킨이다! 신난다."
"얘네 봐라. 커피 나왔다. 커피나 마셔."

김 대리와 같이 남 책임을 놀리고 있으니 진동벨이 지-잉 울렸다. 김 대리와 같이 커피를 가지러 갔다. 나는 컵홀더와 빨대를 꺼내 들고, 김 대리가 가져온 커피에 컵홀더를 끼웠다. 그리고 다시 남 책임이 있는 자리로 향했다.

"잘 마시겠습니다!"
"그래. 많이 먹고 해장해."
"어제 많이 마셨는지 좀 힘들긴 하네요."
"에이, 뭘 또 엄살이야."
"근데 자유씨, 진짜 친화력 좋은 것 같아요. 어제 홍 책임님이랑 술 마시는 거 봤어요?"
"그러니까. 홍 책임님한테 그렇게 허물없이 대하는 건 얘밖에 없을 거야."

응? 무슨 말이지? 친구 하자며 웃으며 술을 마시던 홍 책임의 얼굴이 떠올랐다. 농담도 잘 받아주시고 재밌으시던데.

물어보니 홍 책임은 내가 입사하기 전에 몇 년 동안 팀장을 했었다고 했다. 김 대리도 사원 시절에 팀장이었던 홍 책임에게 많이 깨졌다고 했다. 김 대리는 쓴웃음을 지으며 말했다.

"그때 진짜 힘들었는데... 진짜 사람들 다 있는데 소리 지르고, 장난 아니었어."
"정말요? 완전 안 그러실 것 같은데. 신기하네요."

내 말에 남 책임은 주위를 둘러보며 속삭이듯 말했다.

"자유씨, 홍 책임님 협력사랑 통화하는 거 들어본 적 없어? 통화 한번 하면 옆 팀까지 다 들리잖아. 진짜 화나시면 복도로 나가거나 회의실 가서 통화하셔. 장난 없어."
"생각해 보니 목소리가 좀 크셨던 것 같긴 해요."
"아무튼 난 그렇게 못해. 그래도 자유씨가 그렇게 대해주니까 홍 책임님도 좋아하시는 것 같더라. 팀 사람들 다 어려워하잖아. 자유씨라도 잘 해드려."
"에이, 전 편해서 그런 건데요."

말은 그렇게 했지만 홍 책임이 팀장을 했었다니 신기했다. 지금은 옆집 아저씨 같은 푸근한 인상인데. 김 대리에게 막말을 하는 홍 책임은 상상이 안됐다.

"자유씨 없을 때 일이니까 뭐. 아, 중공업 떨어진다. 이거 팔아야 되나?"

"앗, 안돼요. 치킨 먹어야 되는데."
"그래. 믿는다 중공업! 가즈아!"

*

[자유씨, 팀 비 좀 남았죠? 피곤한데 커피 한 잔씩 돌리죠. 자유씨 힘드니까 메뉴는 따아/아아로 통일해서 주문 좀 해줘요.]
[네, 알겠습니다.]

팀장님의 쪽지였다. 이럴 줄 알았으면 아까 커피를 안 마시는 건데. 팀원들에게 쪽지를 돌려 뜨아/아아를 조사한 후, 김 대리와 일 층 카페에 내려가 커피를 시켜 팀원들 자리로 커피를 배달했다. 홍 책임에게 따뜻한 아메리카노를 배달하러 다가가는데, 전화를 하던 홍 책임의 목소리가 쩌렁쩌렁 울렸다.

"이딴 식으로 검토해오면 어쩌라는 거야. 멍청한 것도 정도껏 해야지. 하루 이틀 일하는 것도 아니고. 오늘까지 싹 다 다시 검토해와!"

한바탕 폭언이 쏟아지고 곧이어 쾅, 하고 거칠게 전화기를 내려놓는 소리가 난다. 아침에 남 책임과 김 대리에게 들은 이야기가 생각났다. 지금까지 어떻게 일해오셨길래 저런 말들을 아무렇지 않게 할 수 있을까. 홍 책임의 말 사이에는 간간이 욕도 섞여 있었다. 그걸 듣고 있을 협력사 사람도 걱정됐지만 홍 책임도 걱정됐다. 요즘이 어떤 세상인데, 저렇게 폭언을 하다가 신고라도 당하시면 어떡하지?

전화를 마친 홍 책임은 열이 올랐는지 아직 얼굴이 벌겠다. "책임님, 커피 배달이요!" 나는 소곤소곤 말했다. 홍 책임은 나를 발견하고 방긋, 웃었다. 나는 장난스레 말했다.

"책임님, 진짜 걱정돼서 하는 말인데요. 요즘 세상에 그렇게 막말하다가 신고당해요. 욕은 좀 자제하시는 게 좋을 것 같아요."

홍 책임은 민망한 듯 웃었다. 에휴, 하고 커피를 전해주는데, 홍 책임의 책상에 조그만 락앤락 통이 눈에 띄었다. 방울토마토부터 예쁘게 썰린 키위까지. 색색의 과일이 정성스럽게 담겨있었다.

"오, 이거 사모님이 싸주신 거예요? 진짜 정성이네요."
"와이프가 매일 아침 싸주지. 이 정도는 별거 아냐. 하하."

혼자 살면 과일을 먹기가 힘들다. 진심으로 부러운 마음으로 말했다.

"와, 진짜 좋으시겠어요."
"그럼. 커피 고마워."

다른 커피를 배달하러 나가려고 하자, 홍 책임도 허리에 손을 얹고 어정쩡한 자세로 일어났다. 홍 책임이 일어나자 파스 냄새가 훅 풍겼다. 홍 책임은 얼굴을 잔뜩 찡그린 채로 나를 따라 몇 걸음 걷다 멈춰 섰다.

"책임님, 괜찮으세요? 왜 그렇게 걸으세요?"
"아, 허리가 좀 아파서 그래. 괜찮아."
"파스 냄새도 엄청나요."
"너도 이 나이 돼 봐. 맨날 아파. 좀 있으면 나아질 거야."
"사내 의원이라도 가보세요."
"그래. 알겠어."

홍 책임은 중앙 원형 테이블에 앉아 책상 밑 박스의 샘플들을 주섬주섬 꺼낸다. 나는 이번엔 윤 책임에게 커피를 배달하러 갔다. 윤 책임은 자리에 조용히 앉아 있다. 나는 어제의 대화를 생각하며 반가운 마음에 친근하게 말을 걸었다.

"책임님, 어제는 잘 들어가셨어요? 따뜻한 아메리카노 시키셨죠?"
"네."

어제는 너, 너 거리며 웃던 윤 책임이 모니터만 바라보며 존댓말을 썼다. 조금 당황스러웠지만 계속 말을 걸어봤다.

"어제 많이 드시는 것 같던데 집엔 잘 들어가셨어요?"
"네."

윤 책임은 여전히 모니터에 시선을 고정한 채 무표정하게 말한다. 뭐지. 어제 친해진 거 아니었나? 무안해진 나는 "그럼 맛있게 드세요." 말하고 다시 자리로 돌아왔다. 자리로 돌아오니 내가 시킨 아이스 아메리카노의 얼음은 벌써 많이 녹아있었다. 김 대리가 끼워준 컵 홀더가 축축했다. 컵 홀더를 빼고 아이스 아메리카노를 쭈욱 들이마셨다.

커피는 아직 시원했다. 아이스 아메리카노로 해장하는 것도 나쁘지 않다.

만년대리 차대리

 회사엔 여러 가지 복지가 많았다. 그중 하나는 스포츠센터였다. 특색 없는 네모난 회색 건물들 사이에 크고 반짝이는, 웅장한 건물 하나. 그 건물 앞을 지나가면 락스 냄새가 났다. 스포츠센터엔 헬스장도 있고, 수영장도 있었다. 퇴근 후, 오후 다섯 시 사십분에 시작하는 자유형 강습은 은근히 인기가 많아 금방 마감되곤 했다. 수영을 못했던 나는 자유형을 배우고 싶어 수영을 등록했다.

 첫 수업 날, 사내 버스를 타고 스포츠센터로 향했다. 데스크 직원에게 수영장을 이용한다고 말하자, 사원증을 락커 키로 바꿔주었다. 챙겨온 수영복으로 갈아입고 락스 냄새가 물씬 풍기는 수영장으로 향했다. 수영장은 천장이 높았고,

투명한 푸른빛으로 가득했다. 수영장 안에서 울리는 소리마저 청량했다.

그런데 그동안 가봤던 수영장들과는 사뭇 다른 분위기가 풍겼다. 아주머니들이 대다수였던 동네 수영장과는 달리 수영장 안의 사람들이 대부분 남자였던 것이다. 수영장에 들어서자 자연스레 향하는 시선이 부담스러워 입구에서 레인 앞까지 호다닥 뛰어갔다.

자유형 수업은 맨 오른쪽 레인에서 진행됐다. 사다리를 잡고 물에 들어가려는데 수영장 안에 있던 한 사람과 눈을 마주쳤다. 그 사람은 어색한 듯 고개를 끄덕, 하고 인사했다. 사십 대 중반 정도 되어 보이는 무뚝뚝한 표정의 키 큰 남자. 어디서 본 것 같은 얼굴이었다. 어디서 봤는지 기억은 나지 않았지만 따라서 고개를 끄떡, 했다. 아는 사람이 같이 수업을 듣는다고 생각하니 괜히 더 눈치가 보였다.

벽을 잡고 발차기 연습을 했다. 킥판을 잡고 레인을 몇 번 왔다 갔다 하기도 했다. 강사님은 음파 음파를 하라고 했는데 잘 안됐다. 내가 자유형을 할 수 있긴 할까? 물놀이 수준의 수영 수업이 끝나자마자 다시 호다닥 탈의실로 들어갔다.

*

 다음날, 사무실 복도를 지나가다 그 무뚝뚝한 얼굴을 또다시 마주했다. 그는 길고 다부진 다리를 휘저으며 빠른 발걸음으로 걸어가고 있었다. 어제와 달리 뿔테안경을 쓴 모습이었다. 그제야 누구인지 생각이 났다. 옆 팀의 차 대리였다. 이번엔 내가 먼저 고개를 끄덕 했다. 그도 고개를 끄덕하고는 그대로 나를 지나쳐갔다.

 그는 사십 대 중반의 나이인데도 대리였다. 흔히 말하는 '만년대리'인 것이다. 이런 사람들이 옆 팀엔 꽤 있었다. 능력이 없어서 진급을 하지 못한 게 아니었다. 스스로의 의지로 진급을 거부한 사람들이었다. 차 대리는 비슷한 연차의 다른 책임들과 확실히 달랐다. 팀장의 눈치를 전혀 보지 않았다. 매일같이 일찍 퇴근했고, 회식에도 참석하지 않았다.

 차 대리 주변엔 사람이 별로 없었다. 사람들과 커피를 마시는 모습도, 사람들과 대화하며 사무실을 걷는 모습도 본 적이 없었다. 그는 항상 혼자서, 무뚝뚝한 얼굴로 지나가곤 했다. 어디서 무엇을 하는진 모르겠지만, 메신저는 대부분 '자리비움'으로 표시되어 있었다.

사람들이 진급을 거부하는 이유는 간단했다. 대리에서 책임으로 진급하게 되면 노조에 남아 있을 수 없기 때문이었다. 책임으로 진급해서 노조원으로서의 지위를 잃는 대신, 대리로 남아 그 지위를 누리기로 결정한 것이다.

그 이후로, 사무실에서 마주칠 때마다 우리는 인사를 했다. 소리 내서 인사한 적은 없었다. 그저 눈이 마주치면, 고개를 끄덕 할 뿐이었다. 대화를 해 본 적도 없지만 나는 그에게서 내적 친밀감을 느꼈다. 물론 수영장에서 마주치는 건 여전히 불편했지만 말이다.

*

"자유씨, 부탁이 좀 있는데. 목요일에 회의 하나만 참석해 줄 수 있을까? 그날 교육이 있어서. 별건 없고 자료 보내 줄 테니까 얘기만 잘 전달해 주면 돼."
"네, 자료만 보내 주세요!"

남 책임은 회의와 관련된 메일과 자료를 공유해 주고 교육을 받으러 갔다. 수, 목, 금. 삼 일짜리 교육이었다. 남 책임이 부탁한 회의는 평소에 자주 가던 회의여서 큰 문제는 없었다. 회의 전날인 수요일, 남 책임에게 전화가 왔다.

"책임님, 교육은 잘 받고 계세요?"

"자꾸 업무 전화가 와서 귀찮아 죽겠다. 교육은 졸리고. 부탁했던 내일 회의, 자료 수정이 좀 필요해서. 옆 팀 차 대리님께 메일 보내 놨는데, 자료 받아서 삼 페이지 업데이트 좀 해줄 수 있을까?"

"네, 업데이트해서 PM에게 보내놓겠습니다! 교육 잘 받고 오세요!"

"그래, 고마워."

메신저에 차 대리를 검색해 보니 '자리비움' 상태였다. 일단 메신저로 연락을 했다.

[안녕하세요, 차 대리님]
[남 책임 부탁으로 연락드려요]

메신저를 보내놓고 다른 일을 하다 보니 삼십 분이 흘렀다. 차 대리는 여전히 '자리비움' 상태였다. 메신저에 답도 오지 않았다. 바로 옆 팀이니 자리로 한번 가볼까, 하는 생각에 의자에서 일어났다. 복도를 지나 옆 팀으로 향했다. 생각해 보니 차 대리의 자리가 어딘지를 몰랐다. 칸막이 너머로 붙은 이름표를 보며 차 대리를 찾았다. 하지만 옆 팀의 팀원은 오십 명이 넘어 자리를 찾기 어려웠다.

"자유, 여기까지 웬일이야."

휴게실로 향하던 옆 팀 동기가 말을 걸었다. 나는 차 대리의 자리를 물었다. 차 대리의 자리는 내가 찾던 곳에서 멀지 않은 곳에 있었다. 자리로 다가가자 책상 앞에 앉아 있는 차 대리가 보였다.

"대리님, 안녕하세요! 저 옆 팀의 자유라고 하는데요."
"아, 네, 안녕하세요."
차 대리는 의외로 순하게 웃었다.

"제가 메신저 보냈는데. 혹시 확인하셨나요?"
"아, 확인을 못했네요."
"저희 팀 남 책임이 저한테 부탁해서요, K 차종 자료 좀 받을 수 있을까요?"
"네, 바로 보내드릴게요."

차 대리는 인사할 때만 잠깐 웃은 후 다시 무표정으로 돌아갔다. 대답을 마친 그는 남 책임의 메일을 확인 후 자료를 찾아 바로 보내주었다. 생각보다 친절한 사람인 것 같았다. 자리에 있어도 메신저는 항상 '자리비움' 상태였지만 말이다.

돈까스를 사수하라

[배고프다ㅏㅏㅏㅏ]
[종 치면 바로 고고]
[좋아. 빨리 뛰어와. 오늘 메뉴 돈까스.]
[헉 줄 길겠네. 빨리 가야겠다. ㅇㅋㅇㅋ]

점심시간 십 분 전. 사내 메신저의 아이콘이 반짝거렸다. 매일 점심을 같이 먹는 점심 메이트이자 입사 동기인 K였다.

회사 밥은 정말 맛이 없었다. 오전 시간 동안 열심히 일하고 점심을 먹으러 갔는데 빨간 배춧국과 밀가루 맛이 나는 소세지가 나온 날에는 현타가 오기도 했다. '회사 밥만 먹다가는 영양실조에 걸린다'는 무서운 소문도 돌았다. 하지만 돈까스가 나오는 날만은 예외였다. 돈까스는 우리 회사에서 제일 인기 있는 메뉴 중 하나였다.

돈까스는 한 달에 한 번 정도, 수요일 혹은 금요일에 나오곤 했다. 두터운 고기에 바삭한 튀김옷을 입혀 만든 이 대형 돈까스는 밖에서 사 먹는 돈까스 못지않게 맛있었다. 돈까스가 나오는 날은 식당 바깥까지 긴 줄이 생겼다. 조금만 늦게 출발하면 고소한 돈까스 냄새를 맡으며 십 분, 이십 분을 기다려야 한다는 뜻이었다.

십분 후의 점심시간을 기대하며 메일함을 보고 있는데 갑자기 핸드폰이 지잉 울렸다. 화면엔 협력사 박 과장의 전화번호가 떠 있었다. 전화를 받으면 십 분 넘게 걸릴지도 몰라. 박 과장님은 말이 많으니까. 나를 기다리고 있는 거대한 돈까스를 생각하며 경건한 마음으로 휴대폰 화면을 껐다. 그리곤 모니터 화면에 떠 있는 피피티와 엑셀들을 하나씩 클릭해 컨트롤 에스 버튼을 누른 후 작업 표시줄로 내렸다.

아직 칠 분이나 남았네. 괜히 사내 포털을 열어 메인 페이지에 떠있는 '2023 친환경차 기술 동향' 따위의 아티클을

켜 놓는다. 밖은 덥겠지. 사무실은 요즘 같은 한여름에도 에어컨이 빵빵해서 항상 서늘했다. 입고 있던 얇은 근무복을 벗어 의자에 걸고, 근무복 주머니에 있던 사원증을 꺼내 목에 건다. 모니터 화면과 시계를 번갈아 보며 열두시가 되길 기다린다.

[딩동댕동-]

드디어 점심시간 종이 울린다. 종소리가 끝나기도 전에 이미 빠른 걸음으로 복도까지 이동했다. K도 반대쪽 사무실 끝에서 뛰어오는 게 보인다. 여기까진 그렇게 경쟁자가 많지 않다. 복도를 지나 계단으로 향하면 이미 우다다다, 계단을 뛰어 내려가는 소리가 난다. 종이 방금 쳤는데 어떻게 벌써 계단까지 내려온 거지. 그래도 우리 사무실은 이 층이라 다행이다. 얼른 그 대열에 합류해 같이 우다다다, 내려간다. 일 층 로비에서는 병목 현상이 일어난다. 사원증을 찍어야 밖으로 나갈 수 있기 때문이다. 다섯 개의 게이트는 사람들로 북적인다. 줄을 서서 사원증을 찍고 게이트를 나선 후부터는 진정한 경주가 시작된다.

"뛰어!"

K와 나는 뛰기 시작한다. 식당까지는 천천히 걸으면 오 분. 멀다면 멀고 가깝다면 가까운 거리이다. 돈까스를 빨리 먹기 위해선 여기서부터가 중요하다. 우리 건물에 근무하는 사람들뿐 아니라 디자인동과 파이롯트동에서 근무하는 사람들도 이 식당을 이용하기 때문이다. 우리 설계동은 식당에서 가장 멀었다. 다른 동 사람들이 나오기 전에 빨리 뛰어가서 줄을 서야 했다.

돈까스 냄새가 여기까지 나는 듯했다. K와 나는 보도블록을 걷고 있는 사람들을 제치기 위해 인도 밖으로 살짝 나갔다가, 다시 들어오는 치고 빠지기 기술을 사용한다. 뛰다 보니 우리 팀 남 책임과 김 대리의 모습도 보인다. 직장인 야구 클럽 다니신다더니 잘 뛰시네. 나도 질 수 없지. 더 열심히 뛰어 식당 앞 횡단보도까지 도착한다. 다행히 아직 줄이 생기진 않았다. 하지만 식당 옆 파이롯트 동에서 사람들이 바글바글 몰려오는 게 보였다. 횡단보도를 건너 식당 앞에 도착했다. 바깥에는 줄이 없었지만 안에는 사람들이 꽤 많았다. K와 나는 왼쪽 줄이 긴지, 오른쪽 줄이 긴지 빠르게 스캔한 후 줄이 좀 더 짧은 왼쪽으로 가서 줄을 섰다. 그래도 오 분 정도면 돈까스를 받을 수 있을 것 같았다.

점심시간의 경주를 성공적으로 마무리하니 숨이 찼다. 줄을 서며 가쁜 숨을 정리했다. 옆에는 이미 돈까스를 받은 사람들이 자리를 잡고 식사를 시작하고 있었다. 오늘도 돈까스의 상태는 좋아 보였다. 손바닥보다 더 큰, 얼굴만 한 왕돈까스는 동그란 플라스틱 그릇이 보이지 않을 정도로 가득 차 있다. 맛있는 냄새도 솔솔 풍긴다. 그 옆의 작은 플라스틱 그릇엔 스프가 담겨 있고, 또 다른 그릇엔 샐러드가 담겨있다. 김치와 피클은 자율배식이다. 신기하게도 돈까스는 김치와도 잘 어울린다. 드디어 왕만한 돈까스를 받고, 김치와 피클까지 야무지게 담은 후 자리를 잡아 앉았다.

"잘 먹겠습니다!"
"맛있게 드세요!"

배가 고팠던 나는 돈까스 끝부분을 얼른 썰어 한 입 가득 먹었다. 고소하고 바삭한 돈까스의 튀김옷과 육즙이 넘치는 통통한 고기가 오전의 스트레스를 날려줬다. 우리는 회사 욕을 잔뜩 하며 왕 돈까스를 남김없이 먹어 치웠다.

돈까스를 먹고 나가면서 식당 앞에 설치된 아이스크림 냉동고로 다가갔다. 우리 회사의 가장 좋은 복지 중에 하나는 바로 이 아이스크림이었다. 가장 더운 칠, 팔월. 매일 점심시간마다 아이스크림이 제공된다. 평소엔 옥동자, 메로나, 요맘때 등의 하드 아이스크림이 제공되지만 오늘은 수요일이다. 수요일엔 콘 아이스크림이 제공된다. 구구콘, 월드콘, 붕어싸만코 등 비싼 아이스크림을 먹을 수 있었다. 나는 월드콘을 하나 집어 들었다. K는 붕어싸만코를 골랐다. 그리곤 빵빵한 배를 진정시키기 위해 설계동 앞의 공원으로 향했다.

공원까지 오는 길에 아이스크림은 이미 반쯤 녹았다. 녹아가는 아이스크림을 빨리 먹고 공원을 본격적으로 돌기 시작한다. 더워서 그런지 공원엔 사람이 별로 없다. 공원 한가운데에는 작은 연못이 있었다. 연못 한쪽에서는 작은 폭포도 쏟아진다. 연못 안에는 팔뚝만 한 색색의 잉어가 돌아다닌다. 연못 가운데 돌다리에 서서 잉어를 한참 구경한다. 공원의 한구석에는 운동 기구도 있다. 덥지도 않은지 몇몇 아저씨들이 철봉을 하고 있다. 공원의 반대편 구석에는 대형 새장도 있다. 일 층 건물 높이만 한 대형 새장 안에는 공작새도 있고, 원앙도 있다. 공작새는 더운지 날개를 활짝 펴고 있다. 저 안에서 누구에게 잘 보이려고 그렇게 날개를 활짝 펴는 걸까. 아직도 배가 부르다. K와 나는 점심시간이 끝날 때까지 공원을 몇 바퀴나 빙빙 돌았다.

강철노조

"헉, 저기 온다."
"어디요? 아, 저기 있네요. 빨리 도망가요."

 사무실엔 심상치 않은 분위기가 감돌았다. 김 대리와 나는 빨간 조끼를 입은 남자를 발견하고 사무실을 조용히 빠져나왔다. 복도를 지나고 구름다리를 건너 옆 동의 도서관으로 이동했다. 도서관은 이미 사람들로 바글거렸다. 김 대리와 나는 낮은 서가 뒤에 붙어있는 연두색 의자로 가서 앉았다. 책장 뒤에 붙어 있는 의자라 조금 불편했지만, 그곳에 앉아 있으면 안전하게 숨을 수 있었다.

"하아.. 이렇게까지 해야 하나."
"그러게요. 오늘 그냥 출근하지 말걸 그랬나 봐요."
"자유씨는 원래 매번 파업 참여하지 않았어?"
"오늘은 팀장님 결재받아야 할 게 있어서 출근했어요."
"나도 오늘까지 도면 작업해야 하는데."
"정말요? 빨리 일하러 가셔야 할 텐데 큰일이네요."
"그러게. 오늘 좀 빡센 것 같아."

나는 입사와 동시에 노조에 자동 가입이 됐다. '강철노조'. 노조에 대해 잘 몰랐지만 그 이름만으로도 위압감이 느껴졌다. 회사엔 빨간 조끼를 입은 사람들이 돌아다녔다. 그 조끼를 입고 있는 사람에겐 알 수 없는 굳건함이 느껴졌다.

오늘은 여덟 시간 파업이 있는 날이다. 나는 그동안 열심히 파업에 참여해왔다. 파업 날엔 회사를 안 가도 된다는 점이 좋았기 때문이다. 비록 파업일수만큼 월급이 깎이지만 임금협상이 완료되면 보전 받을 수 있었다. 그런데 지금 당장 처리해야 할 일이 있는 오늘은 파업이 힘들게 느껴졌다.

그동안은 출근을 안 해봐서 몰랐는데, 출근하니 분위기가 생각보다 험악했다. 빨간 조끼를 입은 대의원들이 사무실을 돌아다니며 파업에 참여하지 않은 사람들을 찾아내고 있었다. 김 대리와 나는 옆 건물의 도서관에 숨어 분위기를 살폈다.

"이제 가지 않았을까? 슬슬 들어가 보자."
"네. 한번 가봐요."

김 대리와 나는 다시 사무실로 향했다. 사무실은 평소와 달리 조용했다. 연구원들이 나오지 않자 사무실은 반쯤 비어있었다. 전화하고 있는 사람도, 대화하고 있는 사람도 없었다. 책임들만 자리를 지키고 앉아 모니터를 보고 있었다. 우리는 조용히 사무실로 들어가 각자의 자리에 앉았다. 대의원이 또 언제 올지 몰라. 빨리 보고서 마무리하고 결재받아야지. 나는 말없이 모니터를 응시하며 보고서에 집중했다. 한 시간 후, 보고서를 인쇄해서 결재판에 꽂아 들고 안쪽 자리에 앉아 있는 팀장에게 다가갔다.

"팀장님, 보고서 결재 부탁드립니다."

팀장은 당황한 듯 주위를 두리번거렸다. 그리곤 몸을 낮추고 조용한 목소리로 내게 말했다.

"자유씨, 싸인해서 갖다 줄 테니 여기 놓고 가."
"아, 네. 알겠습니다."

팀장의 조급해 보이는 표정에 얼른 결재판을 책상에 올려놓고 다시 자리로 향했다. 자리에 막 앉으려고 하던 차에 사무실 저편에서 시끄러운 소리가 들려왔다.

"연구원들 파업 참여하세요! 집에 가세요!"

대의원은 어느새 우리 자리 앞까지 와서 김 대리와 나에게 얼른 짐을 싸라고 재촉했다. 김 대리와 나는 난감한 눈빛을 교환하다가, "네, 갈게요." 하고는 주섬주섬 짐을 싸기 시작했다. 결국 우리는 각자의 가방을 들고 사무실 밖으로 나섰다.

"진짜 가실 거예요?"
"아니, 가는 척만 해야지. 아직 다 못 끝냈는데."
"저는 결재 요청은 했는데. 싸인 받은 거 스캔해서 올려야 해서요. 팀장님이 언제 싸인해 주실지 모르겠어요. 왜 바로 확인 안 해주시고 놓고 가라고 하시는지..."

"팀장님이 자유씨랑 같이 있는 거 보면 파업 참여 못하게 하는 것처럼 보일 수 있잖아. 그래서 그런 걸 거야."

우리는 소곤소곤 대화하며 복도 끝의 계단으로 향했다. 김 대리는 아래층으로 내려가지 않고 위층으로 올라갔다. 나도 따라갔다. 김 대리는 삼층으로 올라가 주위를 살피며 복도 끝에 있는 회의실로 들어갔다. 나도 따라 들어갔다. 김 대리는 회의실 불도 켜지 않은 채 회의실의 컴퓨터를 켰다. 사무실 컴퓨터에 원격 접속을 하기 위해서였다. 컴퓨터를 켜던 김 대리가 한숨을 쉬며 말했다.

"이렇게 힘들게 파업하는데. 이번 제시안은 좀 괜찮으려나."
"그러니까요. 2차 제시안 보고 깜짝 놀랐잖아요. 실적도 좋은데 어떻게 작년의 절반도 안 되는 금액을 제시하는지. 이제 작년만큼만 돼도 가결 찍을 것 같아요. 저 학생 때 인사팀한테 완전 속았잖아요. 성과급까지 합쳐서 연봉이라고 말하는 게 어딨어요."
"하하. 그렇지. 그것도 복지포인트랑 온누리상품권, 연차 남은 거 돈으로 주는 것까지 다 합친 금액이잖아. 영혼까지 끌어모아서, 원천징수 기준으로 영끌 연봉."

"연차는 높아지는데, 연봉이 줄어드니까 정말 일할 맛이 안 나네요."

"나는 작년까지 신혼특공 못 넣었는데, 작년에 성과급 줄어서 올해는 넣을 수 있게 됐다니까. 이거 좋아해야 하는 건지, 슬퍼해야 하는 건지."

"정말요? 올해 빡세게 청약 넣어보셔야겠어요."

"신혼부부 기간도 얼마 안 남아서 진짜 마지막 기회야. 열심히 넣어봐야지."

김 대리와 나는 회의실의 오래된 컴퓨터로 사무실 컴퓨터에 원격 접속을 했다. 십 년은 더 됐을 것 같은 조그만 모니터를 통해 화면을 보니 눈이 아팠다. 사무실의 커다란 듀얼 모니터가 그리웠지만 어쩔 수 없었다. 불이 꺼진 회의실 안으론 한낮의 햇빛이 들어왔다.

점심시간 종이 울렸다. 나는 식당으로 가기 전에 먼저 사무실로 향했다. 비어있던 내 책상 위엔 팀장이 싸인해 놓은 보고서가 얌전히 놓여있었다. 다행이다. 오늘 꼭 해야 할 일은 끝났다. 이제 집에 갈까? 아니면 오후까지 있을까? 일단 김 대리와 밥을 먹으러 가봐야겠다.

밖은 더웠다. 뜨거운 햇빛 아래에서 이젠 익숙해진 노랫소리가 우렁차게 울려 퍼지고 있었다. 나도 모르게 노래를 따라 흥얼거렸다.

♬ 흩-어-지면 죽는다- 흔들려-도 우린 죽-는-다- ♪
♪ 하-나-되어 우린 나-선-다- 승리의- 그날-까-지- ♬

여름휴가

"이 대리, 이번 여름휴가는 어디로 가나?"
"전 휴가 일주일 붙여서 이 주 동안 남미 갔다 오려고요."
"오, 역시 이 대리. 자유로운 영혼이야."
"책임님은 어디 안 가세요?"
"본가 근처 바다나 갔다 오려고. 애들 좀 크면 유럽여행 가고 싶어서 돈 모으고 있는데, 애가 셋이니까 비용이 만만치 않네. 미혼일 때 여행 많이 다니고 그래."

칠월의 휴게실은 여름휴가 이야기가 한창이다. 급한 일정이 없으면 여름휴가에 개인 휴가를 한 주 더 붙여서 이 주 동안 여행을 떠나기도 한다. 물론 휴가 기간에 일을 대신해

주는 사람은 없다. 떠나기 전, 그리고 돌아온 후에 밀린 일을 처리해야 한다. 그래도 여름휴가 일주일 동안은 회사 전체가 쉬기도 하고, 휴가 기간 전후로 분위기가 들떠있기에 이를 기회로 삼아 떠나는 사람이 많다. 나도 몇 달 전부터 여름휴가를 계획해왔다.

"자유씨는 어디로 가? 여행 자주 다니잖아."
"이번 휴가 때는 몽골로 가려고요. 동기들이랑 가려고 예약해놨어요."
"오, 몽골? 불편하지 않겠어?"
"재밌을 거 같아요. 별 보는 게 너무 기대돼요."
"그래, 잘 다녀와. 지금 여행 다녀야지 언제 다니겠어. 회사 오래 다니려면 또 여행을 많이 다녀야 된다고."
"네? 회사 오래 다니는 거랑 여행이랑 무슨 상관이에요?"
"내 빅데이터로 봤을 때, 남자는 차, 여자는 여행에 관심이 있어야 회사를 오래 다니더라고."
"앗, 돈 쓰려면 일해라 그런 건가요?"
"그런 셈이지. 하하"

그래서 옛날부터 책임님들이 그렇게 여행을 가라고 등 떠밀었던 건가? 아니야, 넓은 세상을 경험하라는 좋은 의도

였겠지. 그랬겠지. 갑자기 여행에 대한 회의감이 느껴졌다. 책임님의 말에 따르면, 여행을 안 가야 회사를 조금이라도 덜 다닐 수 있는 것 아닌가. 그래도 여행을 안 갈 수는 없다. 여행은 회사를 버틸 수 있게 해주는 유일한 행복이었다.

나는 거의 분기에 한 번 여행을 떠났다. 어느 나라에 갈지 찾아보고, 비행기 표를 예약하고, 숙소를 알아보고, 그 기대감으로 회사에서의 하루하루를 버텼다. 이번 달만 버티면 여행을 갈 수 있어. 그러다 여행을 다녀오고 나면, 또 다음 여행 계획을 세웠다. 연말에 여행 가려면 올해까지는 다녀야지, 하고 생각하곤 했다.

이번 몽골 여행은 특히 더 기대됐다. 나는 은하수에 대한 로망이 있었다. 몽골에 가면 매일 밤 멋진 은하수를 볼 수 있겠지? 도시보다 자연이 가득한 곳을 생각할 때 가슴이 두근거렸다. 같이 가기로 한 기숙사 룸메들과 매일같이 '러브 몽골' 카페에 들락거렸다. "센-베노." 간단한 몽골 인사말도 공부했다. 그렇게 하루하루 손꼽아 기다리던 여행이 드디어 코앞으로 다가왔다.

*

"책임님, 자동회신 메일에 책임님 이름 좀 적어놓을게요. 잘 부탁드려요."

"알았어. 일 마무리는 다 해놓은 거지? 여행 조심히 다녀오고."

여행 전 마지막 출근 날은 항상 바쁘다. 그래도 이런 날엔 야근을 해도 기분이 좋았다. 요청 온 메일들에 회신하고, 협력사에게 필요한 일정을 전달한 후, 자동 회신 메일을 설정했다. 드디어 이 주 동안 나는 자유다. 평소보다 늦은 퇴근길인데도 발걸음이 가벼웠다.

이번 여행 전에는 머리 색을 바꾸고 싶었다. 대학생 때도 염색을 하고 싶었지만 가난한 대학생에겐 미용실 비용도 사치였다. 이제 회사원이고 돈도 버는데, 염색 정도는 해도 괜찮을 것 같았다. 내 로망은 아주 밝은색으로 염색을 하는 거였다. 노란색, 파란색, 분홍색... 회사가 마음에 걸렸지만 나에겐 이 주의 휴가가 있었다. 여행 다녀와서 다시 어두운색으로 염색하면 되지 뭐.

가는 길에 가족 카톡방에 염색을 할 거라 이야기했다. 여동생이 깨발랄한 이모티콘을 보내며 자기가 염색 고수라고,

자기에게 맡기라고 했다. 못 미더웠지만 돈을 아낄 수 있을 거란 생각에 탈색 약을 사서 집으로 갔다.

"너 진짜 잘 할 수 있어?"
"그럼, 나만 믿어. 일단 여기 앉아 봐."

동생은 여기랄 것도 없는 방바닥을 가리키며 옷걸이에 걸려 있던 세탁소 비닐을 벗겨냈다. 그리고 손으로 비닐 윗부분의 구멍을 찢어 나에게 씌웠다.

"이거 너무 많이 찢어진 것 같은데? 여기 다 묻을 듯."
"아, 그러네. 잠시만."

동생은 화장대 서랍을 열어 노란 박스테이프를 꺼냈다. 테이프를 이로 끊어 찢어진 부분을 이어 붙였다.

"이제 됐지? 그럼 시작한다."
"알았어."

동생의 어설픈 행동들이 불안했지만 어쩔 수 없었다. 탈색 약은 이미 예쁜 하늘색으로 부풀어 올랐다. 동생은 투박

한 손길로 약을 치덕치덕 묻히더니 한참을 쓰다듬었다. 그러고는 입고 있던 비닐을 들어 머리 전체를 감쌌다. 이상하게 귀가 뜨거웠다. 머리카락이 닿는 등도 따끈따끈했다.

"이거 뜨거운데 괜찮은 거 맞아?"
"괜찮아, 괜찮아."

그렇게 몇십 분을 방치한 후 머리를 감았다. 머리는 내가 원한 밝은 레몬색이 아니라 갈색이 되어있었다. 예쁜 갈색도 아니고 주황색에 가까운 못난이 갈색. 귀도 빨개져 조금 아픈 것 같았다. 동생은 내 머리를 보고 고개를 갸우뚱했다.

"역시 탈색은 어렵긴 하네. 하하."

웃는 동생이 짜증 났지만 공짜 노동력을 썼으니 뭐라 할 수도 없었다. 동생이 내 핸드폰을 들고 찍어준 사진에 얼룩덜룩 얼룩진 뒷머리가 보였다. 결국 다시 미용실을 찾았다.

"헉... 머리가 왜 이렇게 얼룩졌어요. 복구하기 힘들겠는데요."

"그러게요... 잘 부탁드려요."

전문가의 손길을 받자 머리는 내가 원하는 대로 밝아졌다. 얼룩도 완전히 없어지진 않았지만 잘 보이지 않았다.

"원래 여기서 한 번 더 염색해야 하는데. 지금은 머리 상태가 너무 안 좋아서요. 다음에 색 입히러 또 오세요."
"네, 감사합니다."

결국 나는 샛노란 양아치 머리를 하고 몽골로 떠났다.

*

"어서 와요. 환영해요. 여기 여기."

칭기즈칸 공항에 도착하자 몽골인 가이드가 마중 나와 있었다. 가이드 아주머니는 한국어를 어눌하게 쓰셨다. 투어 설명에는 '한국어 가능한 여자 가이드', '한식 조리 가능'이라고 쓰여있었다. 이야기해 보니 아주머니는 한국 공장에서 십 년 정도 일하셨다고 했다.

공항으로 나가니 사진으로만 보던 푸르공이 주차되어 있었다. 우리와 여정을 함께할 8인승 승합차였다. 몽골 여행 후기를 찾아보면 항상 이 차가 보였다. 꼭 타보고 싶던 푸르공은 실물로 보니 사진보다 더 예뻤다. 눈도 동그랗고, 차체도 동글동글했다. 색깔도 예쁜 민트색이었다. 3열에도 자리가 있었지만 2열에 룸메들과 세 명이서 옹기종기 앉았다. 듣던 대로 승차감은 좋지 않았다. 하지만 칠월 말임에도 불구하고 가을처럼 선선한 날씨에, 이렇게 귀여운 차에 타고 있으니 벌써부터 기분이 좋았다.

몽골의 수도 울란바토르는 교통 체증이 심했다. 하지만 수도를 벗어나니 도로가 뻥 뚫렸다. 포장이 된 도로도 있었지만, 비포장도로도 많았다. 우리는 하루에 여섯 시간 이상 차를 탔다. 차는 뜨거웠고 도로가 그대로 느껴질 정도로 덜컹거렸지만 그마저도 즐거웠다. 블루투스 스피커로 노래를 틀었다. 바깥에는 푸른 초원이 끝없이 펼쳐졌다.

몽골에 오기 전에는 별만 생각했는데 초원과 하늘이 너무 좋았다. 광활하게 펼쳐진 초원에서 해방감을 느꼈다. 끝이 보이지 않는 초원을 끝없이 달리다니. 영원히 이 순간이 끝나지 않을 것만 같았다.

매일 아침 가이드가 차려준 아침밥을 먹은 후 푸르공을 타고 다음 장소로 이동했다. 한참을 달리다 점심 즈음이 되면 시내에 잠깐 들러 식당에 가서 밥을 먹었다. 시내는 유일하게 핸드폰이 터지는 곳이었다. 몽골 현지 유심칩을 샀음에도 불구하고 시내가 아닌 곳에서는 데이터가 터지지 않았다. 우리는 점심시간마다 열심히 가족에게 안부를 전했다. 그리곤 가지고 있는 멀티탭이란 멀티탭은 모두 꺼내 식당의 콘센트에 연결했다. 멀티탭엔 핸드폰, 보조배터리, 카메라 배터리 충전기가 다닥다닥 연결됐다. 시내가 아닌 초원의 게르에서는 전기도, 물도 함부로 쓸 수 없었다. 둘 다 없는 곳이 많았다. 시내에 나가면 전기도 물도 충전해야 했다. 시내에서 산 이 리터 짜리 생수 물로 아침이면 세수도 하고 양치도 했다.

시내에서 한바탕 밥을 먹고, 충전을 하고, 동네 마트 쇼핑도 하고 나면 다시 푸르공에 올랐다. 시내에서 조금만 가도 초원이 펼쳐졌다. 핸드폰도 터지지 않는 초원으로 들어가면 세상과 완전히 단절된 기분이 들었다. 핸드폰이 터지지 않는다는 게 몽골의 최대 장점이었다. 아무리 해외여행을 가도, 유심칩을 바꿔 끼워도 회사에서 카톡으로 연락이 오곤 했는데 여기선 그럴 일도 없었다. 바깥세상 생각을 하지 않고 온전히 여행을 즐길 수 있었다.

길을 달리다 예쁜 곳이 있으면 차를 멈춰 세우고 사진을 찍기도 했다. 건물 하나 없이 넓게 펼쳐진 초원에서는 저 멀리서 비가 오는 장면이 보이기도 했다. 그래서인지 무지개도 잘 보였다. 지금까지는 무지개가 이 건물에서 저 건물 사이에 걸쳐져 있는 건 줄 알았는데, 여기서 보니 이 땅끝에서 저 땅끝까지 걸쳐져 있었다. 반원 모양의 큰 쌍무지개를 발견하기도 했다.

그렇게 달리고 달려 해 질 녘이면 우리가 묵을 게르에 도착했다. 게르에 짐을 풀고 주변을 구경했다. 그곳에는 아이들도 있었다. 아이들은 양을 쳤다. 양치기 소년을 따라 언덕을 올라가서 새끼 양을 안아보기도 하고, 미리 챙겨간 폴라로이드 카메라로 아이들의 사진을 찍어주기도 했다. 노을 지는 게르의 풍경을 보고 있으면 어딘가 마음이 찡해졌다.

해가 지기 전까진 게르 앞에 돗자리를 펴고 누워 뜨개질을 하기도 했다. 하늘을 바라보느라 뜨개질은 몇 바늘 하다 말곤 했지만. 그러다 밤이 되면 침낭을 밖에 펴고 누워 별을 바라보았다. 행복하고 자유로웠다. 물도, 전기도, 핸드폰도 없었지만 초원과 하늘과 별이 있었다.

*

"자유씨, 여행은 어땠냐니까?"

번뜩, 정신이 들었다. 여행에 대한 생각을 하다 보니 또 너무 감상에 빠져들었다. 얼른 할 말을 찾아 대답했다.

"진짜 좋았어요. 몽골 꼭 가보세요. 초원이 완전 끝없이 펼쳐져 있어요. 진짜 눈 좋아질 것 같은 느낌."

"그럼 걔네는 진짜 시력이 6.0이야?"

"같이 간 몽골인 운전기사는 안경 쓰던데요. 데이터만 터지면 페이스북 보더라고요. 하하."

어찌 보면 여행은, 상사에게 얘기할 소재거리일 뿐일지도 모르겠다. 지금까지는 여행을 다녀오면 항상 기분이 좋았는데, 이번엔 뭔가 달랐다. 회사로 출근하는 발걸음이 더 무거웠다. 가슴이 답답하기도 했다. 왜 이런 느낌이 드는 걸까. 자주 핸드폰을 꺼내 몽골 사진을 들여다봤다.

"근데... 머리는 계속 그러고 다닐 거야?"

"아, 그러게요. 탈색한 김에 여러 색깔 좀 해보려고요. 하하."

자리로 돌아가니 읽다 만 메일이 잔뜩 쌓여있었다. 휴가기간 동안 쌓인 메일들이었다. 하루 종일 읽어도 다 읽지 못할 것 같았다. 자동 분류된 차종 프로젝트 메일만 우선 살펴봐야겠다. 네모난 회색 건물 안의 이층 사무실 안의 네모난 파티션 안의 듀얼 모니터를 바라보며 마우스를 클릭했다.

*

시간이 갈수록 몽골이 그리웠다. 룸메와 같이 몽골어 인강을 결제해 몽골어 공부를 했다. 몽골에서 찍은 폴라로이드 사진을 지갑에 넣고 다녔다. 핸드폰의 사진 중 마음에 드는 사진을 골라 따로 앨범을 만들어 계속해서 봤다. 어느 날은 몽골에 있고 싶은 마음에 회사 컴퓨터의 바탕 화면을 몽골 사진으로 바꿔놓았다. 내가 가장 좋아하는, 노을 지는 게르 사진이었다. 회사 모니터는 아주 커서 몽골의 풍경이 눈 안 가득 들어왔다.

그런데 이상하게도 바탕화면을 볼 때마다 가슴이 울렁거렸다. 슬픈 건지, 화가 나는 건지 알 수 없는 감정이었다. 일해야지, 하고 메일함을 열어도, 눈앞에는 온통 몽골의 분홍 노을이 펼쳐졌다. 결국 십 분도 견디지 못하고 다시 기본 바탕화면으로 바꾸었다.

내 머리 색은 한동안 노란색이었다가, 파란색이었다가, 분홍색이 됐다. 그래도 변하는 건 없었다. 회사는 지겹도록 그대로였다.

협력사 박과장

"요즘엔 업체라고 하면 안 돼. 협력사라고 불러야지."

남 책임은 남색 다이어리와 파란색 사원증을 챙기며 나에게 말했다. '업체 분들 도착하셨대요'라고 말한 게 화근이었다.

"뭐가 다른 건데요?"
"다 같이 협력해서 자동차를 만드는 수평적인 관계다, 그런 뜻이지 뭐. 업체라고 하면 하청업체 같은 느낌이 들잖아."

남 책임은 얼른 가자는 듯 눈짓했다. 화난 얼굴도, 웃는 얼굴도 아니었다. 뭐라 하는 건 아니었지만 괜히 변명을 하게 된다.

"강 책임님이 업체라고 하길래 그렇게 불러도 되는 줄 알았어요."

"십 년도 넘게 쓴 말이니 입에 익어서 그래. 협조전 내려왔다고 하루아침에 바뀌긴 힘들지. 그래도 자유씨는 신입사원이니까 그 말은 쓰지 마."

"넵. 알겠습니다."

내가 입사한 회사는 자동차 회사였다. 자동차를 좋아하는 건 아니었다. 아니, 솔직히 자동차에 대해 전혀 몰랐다. 면허가 없는 건 당연했고, 벤츠와 BMW도 구분할 줄 몰랐다. 취업이 잘 된다는 기계과에 가서 열심히 취업 준비를 했을 뿐이었다.

입사하기 위해 끊임없이 달려왔지만, 그 후의 일상이 어떨지 구체적으로 그려 본 적은 없었다. 사람들이 좋다고 하니까 좋겠지, 하고 생각할 뿐이었다. 하지만 직접 겪어 보니 그 일상은 생각보다 힘들고 지루했다. 특히 어려운 건 협력사와의 관계였다. 나보다 열 살도 더 많은 과장에게 일을 시켜야 했고, 스무 살도 넘게 차이 나는 부장에게 싫은 소리를 해야 했다. 모두 나에게 친절하고 깍듯했지만 나는 그런 상황이 불편했다.

오늘은 협력사 '세운전자'와의 미팅이 있는 날이다. 그동안 메일과 전화로 연락하긴 했지만 실제로 만나는 건 처음이었다.

"근데 왜 이렇게 데리러 가야 하는 거예요?"
"보안 때문에. 사무실 안으로 들어오려면 회사 직원이 확인해 줘야 하거든."

사수인 남 책임은 내가 뭘 물어보든 잘 대답해 줬다. 나는 그런 남 책임이 편했다. 남 책임은 내가 입사하자 자신이 담당하던 몇몇 프로젝트의 폴더를 통째로 나에게 넘겼다. 그 이후엔 내가 뭘 하든 크게 신경 쓰지 않았다. 나는 밀려오는 메일과 전화를 받으며 그때그때 일을 배워나갔다. 남 책임은 나서서 설명해 주진 않았지만, 물어보면 틱틱대면서도 잘 알려줬다. 말하자면 자유방임형 사수였다. 신경 쓰지 않고 알아서 하게 두는 그런 스타일이 나는 좋았다. 남 책임과 나는 2층 사무실에서 1층 로비로 내려갔다.

"안녕하세요, 책임님!"

로비에서 기다리던 사람들이 남 책임에게 인사했다. 나와 남 책임은 게이트에 사원증을 찍고 나가 협력사 사람들과 인사했다.

"안녕하세요, 이번에 S 차종을 담당하게 된 자유라고 합니다. 잘 부탁드려요."
"아, 자유 연구원님이시군요! 세운전자 정 팀장입니다. 전화로만 연락드리다가 처음 뵙네요. 저야말로 잘 부탁드립니다."

아빠뻘 정도 되어 보이는 정 팀장은 사람 좋게 웃으며 나에게 꾸벅 인사했다. 그리곤 작은 키에 어울리지 않는 두툼한 손을 내밀며 악수를 청했다. 나는 어색하게 손을 마주 잡았다. 옆에 있던 덩치 큰 남자도 나에게 인사했다.

"안녕하세요. 세운전자 박 과장입니다."
"아, 박 과장님 안녕하세요! 이렇게 뵙네요!"

S 차종의 담당자가 되고 지난 한 달 동안 매일같이 전화했던 박 과장이었다. 내 통화 목록은 박 과장으로 꽉 차 있었다. 과장이 아니라, 하루에 일곱 번 넘게 전화할 때도 있

었다. 나는 모르는 게 많았다. 박 과장은 그런 나에게 무엇이든 차근히 잘 알려줬다. 특히 남 책임도 잘 모르는 제품의 상세한 스펙이나 생산 과정에 대해서 알려줄 때면 도움이 많이 됐다. 나는 그런 박 과장이 좋았다.

매일같이 전화하던 박 과장은 내가 상상했던 모습과는 사뭇 달랐다. 젠틀한 눈빛을 가진 중후한 남성을 상상했는데, 눈앞에 서 있는 박 과장은 커다란 곰돌이 같았다. 큰 몸집과 대비되는 조그마한 눈동자는 내가 아닌 다른 곳을 바라보고 있었다. 나는 박 과장에게 눈을 맞추며 친근하게 인사했다.

"과장님, 어색하게 왜 그러세요. 저희 매일 통화했잖아요."
"그랬죠. 하하."
"항상 도움 많이 주셔서 감사해요."
"제가 더 감사하죠."

전화할 때와 달리 말은 잘 이어지지 않았다. 남 책임은 그 사이에 데스크 보안 직원에게 출입증을 받아왔다. 내 사원증과 비슷하게 생겼지만 다른 색깔이었다. 우리는 파란색, 빨간색 줄을 목에 걸고 게이트를 통과해 2층 회의실로 향했다.

*

세운전자의 발표는 지루했다. 하품이 날 때마다 동그라미를 하나씩 그렸다. 내 분홍색 다이어리는 어느새 크고 작은 동그라미들로 가득 찼다. 졸음을 참으며 정 팀장의 발표를 듣다 보니 어느새 점심시간이 되었다. 다 같이 회사 앞 국밥집으로 향했다.

평소에 맛없는 회사 밥만 먹다가 나와서 먹으니 기분이 좋았다. 순댓국에는 큼직한 순대가 숨풍숨풍 들어있었다. 남 책임과 정 팀장은 진지한 표정으로 무슨 이야기를 하는 것 같았지만 나는 눈앞의 순대에만 집중했다. 뜨거운 순대를 건져 후후 불어 먹고, 뽀얀 국물에 하얀 밥을 말아 먹었다. 뚝배기 한쪽을 살짝 들어 받침대 위에 올리고, 국물까지 싹싹 긁어먹었다. 만족스러운 식사였다. 마지막으로 깍두기를 하나 집어 입에 넣으려던 찰나, 정 팀장이 말했다.

"자유 연구원님은 참, 복스럽게 잘 드시네요."

정 팀장은 귀여운 손녀를 보는 듯한 눈빛으로 나를 바라봤다. 잘 먹는다는 말은 자주 들어 익숙했지만, 정 팀장에게 그런 말을 들으니까 기분이 좋지 않았다. 전화할 때도 초등학생 같은 목소리와 말투 때문에 만만해 보이는 것 같아 고민이었는데. 정 팀장의 말에 안 그래도 없던 권위가 연기처럼 사그라지는 것 같았다. 옆을 보니 남 책임과 박 과장도 같은 눈빛으로 나를 바라보고 있었다.

"하하. 맛있네요. 회사 밥이 워낙 별로라."
"아이고. 그러셨구나. 다음에 저희 회사 한번 오시죠. 더 맛있는 걸로 대접하겠습니다. 하하."
"앗, 거기는 IT 단지 쪽에 있으니 맛있는 식당이 많겠네요. 여기는 워낙 시골이라."
"물론이죠. 맛집 많이 찾아 놓겠습니다."

우리 회사는 외진 곳에 있었다. 회사 주변엔 대형마트는커녕 편의점도 없었다. 그 흔한 햄버거 하나 배달되지 않았다. 넓은 부지의 회사 안에는 수영장, 풋살장, 병원, 카페, 도서관 등 다양한 편의 시설이 있었지만 제일 중요한 밥이 문제였다. 사내 식당의 밥은 이런 밥 먹으며 회사를 다녀야 하나, 하는 자괴감이 들 정도로 맛이 없었다. 세운전자는 신도시의 IT 단지에 있었다. 회사 근처에 맛집이 많겠지. 지하철역도 있을 거고. 세운전자 직원들이 부러웠다. 우리 회사에서 세운전자까지는 거리가 꽤 있었다. 차로 사십 분 정도 걸리는 거리였다. 식당에서 사무실로 돌아가는 길에 박 과장에게 말을 걸었다.

"여기까지 오시느라 힘드셨죠?"
"힘들긴요. 여기 오는 게 저희 일인데요. 다른 건 다 괜찮은데, 정문에서 오래 걸리는 게 좀 힘들긴 하네요. 하하."
"회사 정문에서요?"
"네. 들어오는 사람이 항상 많아서요. 오늘도 번호표 뽑고 삼십 분 넘게 기다렸어요."
"헉, 정말요? 고생 많으셨어요."

박 과장의 말에 정문의 풍경이 떠올랐다. 회사 직원들은 사원증만 보여주면 바로 통과되지만, 외부 사람들은 복잡한 보안 절차를 거쳐 들어와야 했다. 정문은 번호표를 뽑고 순서를 기다리는 협력사 사람들로 항상 북적거렸다.

"일찍 일찍 와야지 별수 있겠습니까."

박 과장은 하소연하듯 이야기했다. 그러다 문득 뭔가 생각난 듯 주머니를 뒤적거렸다. 부스럭거리며 한참을 찾더니 주머니에서 작은 봉지를 꺼내 나에게 건넸다.

"연구원님, 점심 부족하지 않으셨어요? 이거 드세요."
"앗, 감사합니다."

얼떨결에 박 과장이 내민 작은 금빛 봉지를 받아 들었다. 손바닥만 한 크기의 하리보 젤리였다. 노란색, 연두색, 주황색의 곰돌이들이 이리저리 누워있었다. 왠지 웃음이 나왔다.

"이거 항상 가지고 다니시는 거예요? 젤리 좋아하시나 봐요."
"당 떨어질 때 먹기 좋아서요. 하하."
"아, 그쵸. 당 떨어질 때 있죠. 저는 그럴 때면 페레로로쉐 사 먹는데. 완전 이천이백 원의 행복이에요."

회사 일로 힘든 날이면 기숙사 앞 편의점에 들러 3구짜리 페레로로쉐를 사 가곤 했다. 작은 초콜릿이었지만 하나씩 까먹을 때마다 기분이 조금씩 나아졌다. 포장지도 반짝이는 금색이라 보고만 있어도 마음이 안정됐다. 세 개를 다

먹을 즈음이면 회사에서의 일은 전부 잊고 마음 편히 잠들 수 있었다. 그 마법의 초콜릿을 생각하니 기분이 좋아졌다. 박 과장도 나와 같은 생각인지 파란 하늘을 바라보며 희미하게 웃었다.

우리는 사무실에 도착해 회의를 계속했다. 회의는 여전히 졸렸다. 나른한 오후의 기운에 잠이 올 때마다 박 과장이 준 하리보 젤리를 한 개씩 꺼내 먹었다.

*

[연구원님. 지금 자리에 계세요?]

박 과장의 카톡이다. 박 과장과 일한 지 벌써 1년이 다 되어간다. 박 과장은 어느 순간부터 카톡으로 연락을 한다. 내 프로필 사진을 확인해 본다. 제주도 푸른 바다를 배경으로 꽃무늬 원피스를 입은 채 활짝 웃고 있다. 협력사 사람에게는 보여주고 싶지 않은 모습이다. 박 과장의 사진은 하늘색 배경에 하얀 사람 모양이 있는 기본 프로필이다. 보통은 메신저나 문자, 전화로 소통하는데, 카톡을 보내는 박 과장이 조금 불편했다. 프로필 밑의 통화하기 버튼을 눌러 전화를 건다.

"과장님, 무슨 일이세요?"

"아, 연구원님. 내일 회의 때문에 연구소 들어가잖습니까. 혹시 이번에 신입으로 들어온 유 사원도 같이 출입 신청해 주실 수 있으실까요?"

박 과장의 목소리가 활기찼다. 드디어 신입사원을 뽑은 모양이었다. 얼마 전 세운전자 직원들이 줄줄이 퇴사해 박 과장은 많이 바빠 보였다.

"신입사원이 들어왔다니 잘 됐네요. 내일 회의 같이 오시는 건가요?"

"아뇨, 유 사원은 내일 품질 쪽 회의가 있어서요. 그쪽 담당자에게 미리 연락했어야 하는데 못 했다네요. 당장 내일인데 괜히 이런 걸로 꼬투리 잡힐까 봐... 부탁드릴 분이 연구원님밖에 생각이 안 나네요. 한 번만 부탁드려도 될까요?"

박 과장은 미안하다는 듯이 말했지만 내가 거절할 거라고는 생각하지 않는 것 같았다. 하긴 딱히 거절할 이유도 없었다. 특별히 어려운 일도 아니었다.

"아 네, 그럼 과장님 출입 신청할 때 같이 올릴게요. 전산으로 신청해 주세요."

"역시 연구원님. 감사합니다. 그럼 내일 뵙겠습니다."
"네. 조심히 오세요."

잠시 후, 전산에 출입 신청을 했다는 알림이 왔다. 결재 요청 버튼을 누르려다 문득 신청자 이름 옆의 생년월일이 눈에 들어왔다. 유 사원은 나보다 두 살 많은 스물일곱 살. 박 과장은 열한 살 많은 서른여섯 살이었다. 박 과장은 남 책임과 동갑이었다.

남 책임과 동갑이라니. 생각해 보면 둘은 비슷하기도 했다. 자신만의 세계에 빠진 공대생 같은 면이 있었다. 그래도 둘 다 사람은 착했다. 하지만 다른 점도 많았다. 박 과장은 힘든 일을 같이 헤쳐 나가는 전우처럼 느껴졌다. 그렇지만 가끔은 답답한 면이 있었다. 척하면 척! 하고 알아서 해줬으면 좋겠는데 전산 처리라든지, 의사소통이라든지 사소한 부분에서 버벅거리곤 했다. 그에 반해 남 책임은 좀 더 어른스럽게 느껴졌다. 어떤 문제든 해결책을 알고 있었다. 나는 문제가 생기면 항상 남 책임을 찾아 두리번거리곤 했다.

딸칵, 딸칵. 팀장님께 출입 신청 결재를 올리고 회의 자료를 마저 보았다. 내일 회의는 디자인 관련 회의였다. 디자이너는 특색 있는 디자인을 요구했다. 우리 팀의 입장은 최대한 이전 모델과 비슷한 디자인을 유지하는 것이었다. 디자인이 무리하게 바뀌면 개발 비용이 많이 들기 때문이었다. 회의 준비를 하다 보니 출입 신청 결재가 완료되어 있었다. 나는 박 과장에게 문자를 보냈다.

[과장님, 출입 신청 완료됐습니다. 내일 뵙겠습니다.]

*

다음 날 오후, 박 과장과 함께 디자인동으로 향했다. 사수인 남 책임 없이 디자이너와 미팅하는 건 처음이라 긴장이 됐다. 그래도 박 과장은 실무자니까 잘 대응해 주겠지. 덩치 큰 박 과장과 함께 디자인동에 발을 들이니 그나마 마음이 든든했다.

"자유 연구원님, 이 디자인은 꼭 살려야 해요. S 차종은 그래픽적 요소가 컨셉이거든요."

회의실 의자에 앉자마자 디자이너는 강렬한 눈빛으로 말했다. 경쟁회사는 모든 차종에 같은 디자인의 부품을 사용하곤 했다. 그런데 우리 회사 디자이너들은 항상 새롭게 만들고 싶어 했다. 그게 디자이너에겐 성과겠지만 나에게는 우리 팀의 비용 절감이 더 중요했다.

"저희도 요청하신 디자인대로 해드리고 싶은데, 원가도 그렇고 구조도 그렇고 도저히 구현하기가 어렵네요. 저희가 제안한 2안은 어떠세요?"
"이건 컨셉이랑 안 맞아요. 너무 평면적이고 무난해요."

박 과장은 뚱하니 옆에 앉아선 아무 말이 없었다. 전화할 때는 말도 많고 능글맞게 부탁도 잘하는 박 과장은 실제로 만나면 항상 이런 식이었다. 무슨 생각을 하는 건지 작은 눈을 내리깔고 회의실 책상만 바라봤다. 결국 나는 멀뚱멀뚱 앉아있는 박 과장에게 도움을 요청했다.

"박 과장님, 이 구조가 어려운 이유 좀 설명해 주세요."
"아, 이 구조는 조립이 어려워서요. 공정도 늘어나고요."

박 과장의 말을 들은 디자이너는 아이디어가 떠오른 듯 마우스를 잡았다. 그리곤 모니터 위에 띄워진 3D 프로그램 위에 그림을 그리며 말했다.

"그럼 이 밑 부분을 늘려서 조립하는 건 어떨까요?"
"아, 그렇게는 검토해 볼 수 있을 것 같아요."

검토? 지금 무슨 말을 하는 거지? 나는 놀란 표정으로 박 과장을 바라봤다. 박 과장도 본인이 말해놓고 당황한 눈치였다. 디자이너는 잡았다는 듯이 그 부분을 파고들었다.

"그럼 한 번만 검토 부탁드려요. 저희 쪽에서는 이게 정말 중요한 이슈여서요."

결국 다시 검토하는 걸로 회의는 마무리됐다. 디자인동에서 나와 사내 셔틀버스를 타러 가면서 박 과장에게 말했다.

"아니, 박 과장님. 저랑 통화할 때는 안 된다고 했으면서 갑자기 검토하겠다고 하시면 어떡해요? 정말 가능한 것 맞아요?"
"아... 검토해 볼 수 있을 것 같아서요."
"하아... 일단 카페 가서 얘기해요."

역시 남 책임에게 같이 와달라고 끝까지 졸랐어야 했나. 이젠 혼자 할 수 있을 거라며 등 떠민 남 책임이 원망스러웠다.

박 과장과 나는 설계동 1층의 카페로 향했다. 카페 안은 커피 내리는 소리와 사람들이 떠드는 소리로 시끌벅적했다.

"제가 커피 사드릴게요."
"앗, 연구원님. 제가 사드려야 하는데..."
"여기 임직원 30% 할인이 돼서요. 제가 사드릴게요."
"그렇다면 감사히 먹겠습니다."

회의 결과는 좋지 않았지만, 커피는 사주고 싶었다. 매일같이 야근하는 박 과장을 두고 항상 정시 퇴근을 했던 게 맘에 걸려서였다. 박 과장은 피곤한지 다크써클이 눈 밑까지 내려와 있었다. 커피를 주문하고 창가 쪽 자리에 앉아 이야기를 시작했다.

"그 디자인 안 된다고 했었잖아요. 어떻게 하면 된다는 거예요? 전 이해가 잘 안되던데."
"아, 그게..."

박 과장은 내 분홍색 다이어리에 그림을 그려가며 설명했다. 밑 부분을 넓히고 후크를 만들면 조립은 될 것 같긴 하다. 그런데 일체형이 아니라 유격이 생길 수 있다. 그리고 생산 오차가 있어 조립이 잘 될지 보증하지 못한다...

"아니, 그럼 아까 그 얘기도 해주셨어야죠. 디자이너는 문제없이 될 거라고 생각할 텐데."

"그러게요. 어쨌든 안 되는 건 아니어서..."

"하아... 일단은 모델링 해 보시고, 문제 발생할 여지가 있는 것들도 확인해서 같이 보내주세요. 안 되는 방향으로 검토해 주셔야 해요. 저희도 원가 때문에 웬만하면 그대로 가야 하는 거 아시잖아요."

"네. 알겠습니다."

머리가 지끈거렸다. 이럴 거였으면 박 과장을 부르지 않는 편이 나았을지도 모른다. 하지만 이미 벌어진 일이었다. 사무실에 들어가 남 책임에게 조언을 구해봐야겠다고 생각하며 아이스 아메리카노를 쭈욱 들이켰다. 박 과장은 어딜 보는 건지 초점 흐린 눈으로 바닐라 라떼를 들고 앉아있었다.

"근데 요즘 많이 바쁘신가 봐요. 매일 야근하시던데."

"하하. 그러게요. 수주받은 건 많은데, 사람들은 자꾸 그만두고. 얼마 전에 송 과장이랑 정 대리도 퇴사했잖습니까."

"들었어요. 두 분 다 일 잘하셨는데. 아, 저도 퇴사하고 싶네요."

"연구원님이요? 농담이시죠?"

박 과장은 작은 눈을 동그랗게 떴다. 진짜 놀란 건지, 놀랍다는 표현을 하고 싶어서 일부러 지은 표정인지 알 수 없었다.

"진짠데. 이 프로젝트 끝나면 퇴사하는 게 제 목표거든요. 그래도 S 차종은 끝까지 할 테니까 걱정 마세요."

진심이었다. 매일같이 복지 사이트에 들어가 퇴직금 계산 버튼을 눌러보곤 했다. 퇴직금은 한 달에 한 번, 매달 3일에 업데이트됐다. 그날이면 사이트에 접속해 바뀐 숫자를 확인했다. 그날 이후론 한 달 동안 똑같은 숫자를 보고 또 봤다. 그냥 숫자일 뿐이었지만 그래도 좋았다. 전혀 질리지 않았다. S 차종이 양산되려면 일 년 정도 남았다. 일 년 후엔 이 퇴직금이 얼마로 늘어날까? 분홍색 노트 한구석에 매번 똑같은 계산을 했다. 남 책임 앞에서는 한 번도 해본 적 없는 퇴사 이야기가 박 과장 앞에서는 술술 나왔다.

"이 회사가 업계에서 제일 좋은데. 어디로 가시려고요."
"이 업계에서 벗어나고 싶어서요. 자동차, 별로 좋아하지도 않고."

문득, 박 과장의 작은 눈이 나를 향하고 있는 게 느껴졌다. 나는 괜히 어색해져 얼음만 남은 아메리카노를 뒤적였다. 박 과장은 주머니에 손을 넣더니 황금색 작은 봉지 두 개를 나에게 내밀었다. 하리보 젤리였다.

"두 개 드세요. 지난번에 잘 드시던데."

나는 살짝 웃으며 젤리를 받아 들었다. 박 과장은 핸드폰을 보더니 유 사원을 도와주러 가야 될 것 같다며 허둥지둥 자리를 떴다. 나는 사무실로 돌아왔다. 자리에 앉아 책상 서랍을 여니 후렌치파이, 트윅스 등 비상식량이 빼곡히 들어차 있었다. 박 과장에게 받은 하리보 젤리를 꺼내 서랍 속에 가지런히 넣어 두었다.

*

오전 열시. 오늘따라 사무실은 조용하다. 마음이 급하다. 달력에 표시해 놓은 빨간 동그라미가 눈에 들어온다. 그래픽적 디자인인지 뭔지, 그게 적용된 부품은 내 책상에 쌓여 있다. 나는 결국 박 과장과 같이 그 디자인의 제품을 만들었다. 아니, 같이 만들었다고 말하긴 좀 애매했다. 박 과장이

데이터를 만들어오고, 나는 그걸 확인해서 디자이너에게 전달하고, 디자이너가 수정해 주면 다시 박 과장에게 전달해 주길 반복했을 뿐이다. 어쨌든 마감 기한은 다가왔다. 이틀 후까지 평가 보고서를 전산에 올려야 했다. 이주 전부터 계속 요청했는데, 박 과장은 샘플만 한 박스 보내놓고 성적서는 올리지 않았다.

전화를 해야 하는데. 사무실의 누군가가 내 전화 내용을 엿들을 것만 같다. 조용한 분위기에서 핸드폰만 만지작거리다 괜히 다이어리를 들척인다. 분홍색 다이어리는 어느새 때가 타서 분홍색인지 회색인지 알 수 없게 거뭇해졌다. 드디어 옆자리 남 책임이 통화를 시작한다. 나도 핸드폰을 들고 전화번호를 찾는다. '세운전자 박 과장님'. 박 과장과의 통화 기록은 바로 어제, 네 통이나 찍혀있다. 몇 번의 통화음이 울리고, 박 과장은 씩씩하게 전화를 받았다.

"연구원님, 안녕하십니까!"
"박 과장님, 평가 보고서 작성 완료됐나요? 금요일까진 꼭 전산에 올려 주셔야 해요. 다음 주 월요일엔 취합해서 보고 올려야 하거든요. 부탁 좀 드릴게요."

"아유 그럼요, 죄송해요 연구원님. 빨리하려고 하는데 잘 안되네요. 제가 K 차종도 같이 하고 있어서요. 남 책임님도 시키는 일이 많으시네요. 오늘은 밤을 새워서라도 꼭 해놓겠습니다!"

밤을 새운다는 박 과장의 말에 멈칫했다. 이 일은 중요하면서도 중요하지 않았다. 제품들은 내가 보기엔 멀쩡했다. 은색으로 도장되어야 할 부분이 검정색으로 도장되긴 했지만 동작은 잘 됐다. 디자인도 그래픽적으로 잘 반영됐다. 그래도 평가 보고서는 받아야 했다. 금요일까지 등록하지 않으면 우리 팀 이름 옆에 '미완료 1건'이라는 빨간 글씨가 쓰여 있는 전체 메일을 받게 될 것이다. 팀장님에게도 불려가겠지. 그렇다고 지금 당장 내가 할 수 있는 일은 없었다. 할 수 있는 일이라곤 박 과장을 재촉하는 것뿐이었다. 박 과장이 일찍 퇴근했으면 좋겠다는 마음과 그거 하나 빨리 처리 못하냐는 마음이 부딪혔다. 결국 답을 내지 못한 나는 상황 탓을 했다.

"밤새우진 마세요. 집에 일찍 일찍 들어가셔야죠. 경력직 뽑는다던 건 아직 못 뽑았나요? K 차종까지 같이 하시려면 힘드실 텐데."

"계속 노력하고 있는데, 경력직 채용이 어려운가 봐요. 벌써 몇 개월째에요."

"고생이 많으시네요. K 차종도 바쁜 건 알지만, 저희도 마감 기한까지 꼭 올려야 해서요. 정 안되면 저한테 미리 보고서 보내주세요. 먼저 확인하고 있을게요."

"네 연구원님, 감사합니다! 보고서는 메일로 우선 송부 드리겠습니다."

"그럼 수고하세요."

전화를 끊고 나니 핸드폰이 지잉-울렸다. 오늘 저녁에 있는 요가 수업 알림이었다. 박 과장은 밤을 새운다는데, 수업 빠지고 야근이라도 해야 하나. 메신저에 초록불 표시라도 되어있으면 위로가 될까. 그런 생각을 하며 모니터를 켰다. 노란불에서 초록불로 바뀐 메신저가 깜박였다. 남 책임이었다.

[자유씨, 통화 끝? 커피?]
[커피 좋아요! 가시죠~]

남 책임은 믹스커피, 나는 둥굴레차를 꺼내 휴게실로 향했다. 우리 건물 일층에 커피빈이 있었지만 남 책임은 탕비실의 믹스커피만 마셨다. 외벌이에 여섯 살 아이가 하나

있는 남 책임은 항상 알뜰했다. 커피든, 밥이든 밖에서 먹는 일이 거의 없었다. 그렇지만 야근은 매일 했다. 가정적인 것과 야근은 별개인 모양이었다. 돈을 더 주는 것도 아닌데, 일이 많으나 적으나 남 책임은 항상 자리를 지켰다. 하긴, 남 책임만 그런 것도 아니었다. 대부분의 책임들이 그랬다. 여섯 시 땡 치면 나가서 저녁 먹고 탁구 치고, 일곱 시에 다시 자리에 앉아 한두 시간 앉아있다가 집에 아홉 시 열 시에 들어가는, 그런 삶이 정말 좋을까? 잘 이해되지 않았다. 남 책임은 오늘도 야근이려나. 휴게실 구석 자리에 앉아 남 책임에게 물있다.

"책임님, 요즘 K 차종은 어떠세요? 많이 바쁜 것 같던데."
"다 똑같지 뭐. 조금 지나면 괜찮아질 거야."

남 책임은 커피 봉투로 믹스커피를 휘휘 저었다. 여유로운 성격 탓일까. 일이 바쁜 시기에도 남 책임은 느긋했다. 그에 비해 박 과장은 항상 정신없어 보였다.

"세운전자 직원들이 많이 그만둬서 박 과장이 일이 많은 것 같더라고요."
"뭐 어쩔 수 없지. 그 사람, 난 좀 별론 것 같아. 일 처리하는 게 나랑 안 맞아."

"그래도 이쪽에선 경력이 꽤 있으시잖아요. 부품에 대해서는 저보다 훨씬 많이 아시는 것 같아요."

진심이었다. 2년 차인 지금까지도 부품에 대해 모르는 게 많았다. 박 과장은 내가 어떤 질문을 해도 한결같이 열심히 대답해 줬다.

"그건 당연하지. 그게 그 사람들 일인데."
"그런가요. 하하."
"우리는 우리 역할이 있고, 협력사는 협력사 역할이 있는 거야."

남 책임은 어색하게 웃는 나를 똑바로 쳐다보며 말했다. 그 역할이 뭘까. 나는 시키는 역할이고, 협력사는 일하는 역할일까? 나도 남 책임 연차쯤 되면 이 역할에 익숙해질 수 있을까? 머릿속에서 물음표가 맴돌았다.

남 책임이 사수로서 나에게 가르쳐 주는 건 이런 거였다. 이 회사에서 나의 역할은 무엇인지. 그리고 협력사의 역할은 무엇인지. 박 과장은 나에게 다른 것을 알려주었다. 부품이 어떻게 조립되는지. 어떤 원리로 동작되는지.

둘 중 뭐가 더 중요한 걸까? 나는 어느 것도 확실히 알지 못했다. 남 책임은 대답 없는 나를 바라보다 한숨을 쉬곤 무심하게 툭 말했다.

"자유씨가 박 과장보다 더 많이 받을걸?"
"네?"
"자유씨 연봉이 협력사 팀장 정도랑 비슷할 거야."

연봉이 높다, 그런 얘기는 많이 들었다. 하지만 실제로 그렇게 느낀 적은 없었다. 동기들도, 선배들도, 심지어 책임님들도, 항상 연봉에 불만이 많았기 때문이다. 다른 회사에 간 내 친구는 몇천만 원은 더 받는다더라, 이 돈 받고 이렇게 일해야 하나. 그런 이야기를 들으면 맞아, 일 열심히 할 필요 없다니까, 그러니까 얼른 퇴근하자, 하며 동조하곤 했다.

그런데 그런 내 연봉이 협력사의 팀장 정도라니. 이상했다. 나는 정시 퇴근을 했다. 협력사 사람들은 밤늦도록 일했다. 나는 일을 시켰다. 그 사람들은 일을 했다. 나는 PPT로 회의 자료를 만들었다. 그들은 금형으로 물건을 찍어냈다. 그런데 좋은 회사에 다닌다고 칭찬받는 건 나였다. 돈을 많이 받는 것도 나였다. 일을 줄 때마다 묘한 부채감이 느껴졌다.

남 책임은 머리를 긁적이더니 이내 화제를 돌렸다. 이번에 딸내미 주식 계좌를 열어봤는데, 수익률이 좋더라구. 역시 장기투자를 해야 돼. 내 계좌는 이미 말이 아니야. 자유 씨도 아이 낳으면 바로 계좌부터 만들어. 그게 왜 좋냐면...

웃으며 남 책임의 말에 답하면서도 머릿속으로는 다른 생각들이 맴돌았다. 협력사 사람들은 내가 이야기한 문제점에 대해 여러 해결책을 제시해 주곤 했다. 그 내용을 정리해서 PPT로 작성해 주기도 했다. 제작 비용과 원가를 비교해 주기도 했다. 어떤 사람들은 그걸 당연하게 여겼지만 나는 그렇지 못했다. 문득, 박 과장이 준 하리보 젤리가 생각났다. 어느 순간부터 그 곰돌이들을 보면 마음이 불편했다. 다른 간식들은 이미 다 먹었지만 그 젤리는 먹지 못했다. 깊숙하고 깜깜한 서랍 안쪽으로 밀려날 뿐이었다.

*

핸드폰이 울린다. 협력사 박 과장이다. 시계를 본다. 오후 5시 반. 퇴근 30분 전이다. 전화를 받고 싶지 않은 마음이 든다. 평가 보고서에 무슨 문제가 생긴 건 아니겠지? 그새 진동이 다섯 번이나 울렸다. 찝찝하지만 일단 전화를 받는다.

"연구원님, 죄송한데 오늘 그 일은 못 끝낼 것 같습니다. 회사에 일이 좀 생겨서요."

"아 네, 괜찮아요. 이번 주까지만 마무리해 주시면 돼요."

"아... 회사에 큰일이 좀 생겨서요. 제가 정신이 없네요..."

달력을 한번 본다. 아직 마감일까진 이틀이 남아있다. 그 회사에 무슨 일이 있는지는 별로 궁금하지 않았다. 요청한 일만 금요일까지 마무리해 주면 된다. 왜 이런 전화를 하는 거지? 박 과장은 떨리는 목소리로 혼자 말을 이어간다.

"연구원님... 이건 위에서 말하지 말라고 했는데... 제가 너무 힘들어서요... 연구원님에게만 말씀드려도 될까요?"

"아, 네. 말씀하세요."

박 과장은 초조해 보였다. 누군가가 이야기를 들어줬으면 하는 것 같았다. 박 과장은 나와 친해졌다고 생각했는지 가끔 쓸데없는 이야기를 하곤 했다. 그냥 말 많은 사람인가 보다 생각했다. 이번에도 그냥 듣고 있을 뿐이었다.

"저랑 같이 일하던 유 사원이... 세상을 떠났어요..."
"네?!"

"자살... 했어요.. 연구원님... 어떡하죠?"

유 사원이라면 몇 개월 전 입사한 신입사원이었다. 박 과장이 자리를 비웠을 때 전화도 한번 한 적이 있었다. 목소리가 어땠더라? 나이는 나랑 비슷했던 것 같은데.

"이거 고객사엔 얘기하지 말라고 했는데... 다른 분들께는 비밀로 해주세요... 근데 제가 너무 힘들어서... 연구원님께는 말하고 싶었어요... 연구원님... 저 어떡하죠? 왜 이렇게 된 건지 모르겠어요... 어떡하죠?"

박 과장은 횡설수설한다. 했던 말을 반복한다.

"저 때문이라고 생각하는 것 같아요. 전 아니에요. 왜 그런 건지 모르겠어요. 어떡하죠?"

내가 아는 박 과장은 나쁜 사람이 아니었다. 박 과장은 불안해 보였다.

"퇴근하고 그쪽으로 갈게요. 어디예요?"

박 과장 회사 근처 역에서 만나기로 하고 전화를 끊었다. 심장이 쿵쾅거린다. 비현실적으로 느껴진다. 자살이라니. 생각해 보니 그 신입사원과 이메일도 몇 번 주고받았던 것 같다. 내가 잘못한 점이 있었나? 카카오톡에 유 사원의 이름을 검색해 프로필 사진을 확인해 본다. 대학을 졸업한 지 얼마 안 되어 보이는 말간 인상. 여행 가서 찍은 사진인지 이국적으로 보이는 배경 앞에서 환하게 웃고 있었다.

퇴근 시간의 버스는 오늘이라고 다를 바 없이 사람으로 가득 차 있다. 차들로 꽉 막힌 도로 위에서 또다시 생각이 뒤엉킨다. 박 과장의 떨리는 목소리. 해맑게 웃고 있는 유 사원의 프로필 사진. 유 사원과 나눴던 이메일들. 무엇이 그를 힘들게 했을까? 그 이유 중 나도 있을까? 하늘이 우중충하니 꼭 비가 내릴 것만 같다.

"연구원님!"

신호등 건너편에 박 과장이 보인다. 회사가 아닌 곳에서 만나는 건 처음이었다. 박 과장은 어디를 보는 건지 눈에 초점이 없었다. 통화할 때와 마찬가지로 횡설수설했다. 일단 근처의 카페로 들어갔다.

박 과장은 장황한 이야기를 펼쳐냈다. 자신이 유 사원의 사수이긴 했지만 김 주임이 일을 많이 시켰다. 고객사에 지원을 나갔다가 멘탈이 흔들렸던 것 같다. 유 사원은 서류 작업은 곧잘 했지만, 고객사와 대면하거나 통화하는 것을 힘들어했다. 난 열심히 가르쳤을 뿐이다. 바쁘고 힘들어도 잘 알려주려고 노력했다. 차갑게 말할 때도 있었지만 평범한 수준이었다고 생각한다. 그걸 어떻게 받아들였는지는 모르겠다. 유 사원은 평소에 사수인 나에 대한 욕을 많이 했다고 한다. 나는 나름 잘해준 것 같은데. 받아들이기 힘들다. 회사 임원진은 고객사에 알리지 않으려고 한다. 그냥 조용히 묻고 싶어 한다. 어떻게 해야 할지 모르겠다. 회사 사람들은 날 탓하는 것 같다. 왜 이렇게 됐는지 모르겠다. 힘들다...

"장례식장이라도 같이 가드릴까요?"
"아니에요... 안 가는 게 나아요... 이사님이랑 팀장님이 가셨는데 좋은 꼴 못 본다며 오지 말라고 하시더라고요..."

한 시간 정도의 대화를 통해 그동안 몰랐던 것들을 알게 되었다. 박 과장은 회사에서 일할 때는 나와 일할 때보다 거칠었다. 그리고 어머니와 강아지와 함께 살았다. 왜 나는 당연히 아내와 아이가 있을 거라고 생각했을까? 그는 어떤 인생을 살고 있을까? 맥락 없는 이야기와 의미 없는 궁금증이 공기 중에 떠돌았다.

"연구원님... 와 주셔서 감사해요. 이야기 들어주셔서 감사해요."

박 과장은 휑한 눈으로 책상 위를 응시하며 말했다. 박 과장의 손은 떨리고 있었다. 나는 무릎 위에 올려둔 가방을 만지작거렸다. 어딘가 작아져 버린 것 같은 박 과장을 바라보다 가방을 열고 투명한 봉지를 꺼냈다. 편의점에서 산 3구짜리 페레로로쉐였다. 박 과장은 초콜릿을 받아들곤 한참 동안 금빛 포장지를 바라봤다.

딸랑. 카페를 나왔다. 여름밤 공기가 습했다. 해가 질 듯 어슴푸레한 회색 하늘이다. 비가 올 것 같이 먹구름이 잔뜩 끼었다. 비는 오지 않았다. 그렇게 별다른 소득 없이 다시 버스를 타고 기숙사로 돌아갔다.

*

회사는 멀쩡히 돌아갔다. 유 사원을 괴롭혔다는 김 주임은 웃으며 나에게 전화를 걸었다. 그 회사의 팀장, 임원들도 모두 아무렇지 않게 일했다. 남 책임도, 우리 팀 팀장님도, 그 누구도 협력사 유 사원의 이야기를 모르는 듯했다. 박 과장은 연락이 잘 되지 않았다.

박 과장과 함께 고군분투했던 S 차종도 몇 개월만 지나면 마무리된다. 내가 계획했던 퇴사 날짜도 다가오는 셈이었다. 나는 퇴사할 수 있을까? 퇴사하고 나면 뭘 할 수 있을까? 회사에서 배운 거라곤 '갑'의 역할밖에 없는데. 회사 밖으로 나가면 그 역할은 사라지겠지. 그럼 난 어떤 역할을 맡게 될까.

*

몇 주 후, 박 과장에게 문자가 왔다.

[연구원님. 저 퇴사해요. 죄송합니다.]

S 차종의 담당자는 김 주임으로 변경되었다. 박 과장의 퇴사와는 무관하게 프로젝트는 일정에 맞춰 진행되었다.

박 과장과 회사 밖에서 만났던 그날이 생각났다. 그날은 덤덤한 내가 이상했다. 그날 이후에는 웃지 못하는 내가 이상했다. 가슴에 돌덩이가 가라앉아 있는 느낌이었다. 주말에는 술을 먹었다. 평일에도 술을 먹었다. 혼자 먹기 싫어 친구를 불렀다. 친구에게 주변에 자살한 사람이 있냐고 물었다. 있다고 했다. 그의 이야기를 가만히 들었다. 친구가 담배를 피우러 나갔다. 나도 따라 나갔다. 거리의 네온사인 불빛이 어지러웠다. 자연스레 담배를 받아 들었다. 중학생 때 이후로 처음 피워보는 담배였다. 담배를 입에 물고 친구와 웃었다. 웃고 있는 내가 이상했다.

불편한 칭찬

"자유씨는 어떻게 그렇게 매일 웃고 다녀? 나까지 기분이 좋아진다니까. 그게 자유씨 재능이야."

스물넷. 재수 없이, 휴학 없이 스트레이트로 졸업 후 대기업에 입사했다. 아직 대학생 티를 벗지 못했던 사회 초년생 시절. 보고서 때문에 혼나고, 말투 때문에 혼나고, 옷차림 때문에 혼나던 차에 이런 칭찬을 들었다. '웃음'이 재능이 될 수 있나? 분명 진심 어린 칭찬이었지만 기분이 묘했다. 고개를 들어 최 대리의 얼굴을 보니 해맑게 웃고 있었다. 나도 모르게 웃는 얼굴로 답했다. "칭찬 감사합니다. 헤헤"

*

설계 부서에서 근무했기에 나를 포함한 모든 직원이 공대 출신이었다. 성비는 구대 일로 구십 프로 이상이 남자 직원이었다. 대학생 시절에도 비슷했기에 어색하진 않았다. 오히려 익숙했다.

최 대리가 말했던 내 '재능'이 무엇인지는 곧 알게 되었다. "자유씨, 이번 전무님 보고에 강 책임이랑 같이 들어가지." 팀 주간업무 회의 시간에 팀장님이 말했다. "네? 저는 그 프로젝트 담당이 아닌데요?" 나는 깜짝 놀라 되물었다. 팀장님은 웃으며 말했다. "괜찮아, 그냥 옆에 서있기만 하면 돼."

팀 주간업무 회의가 끝난 후, 강 책임에게 가서 물었다. "책임님, 제가 같이 보고에 들어가도 되나요? 전 이 프로젝트에 대해 잘 모르는데 괜찮을까요?" 강 책임은 웃으며 답했다. "괜찮아. 자유씨는 평소처럼 그냥 옆에 있으면 돼." 결국 걱정 가득한 마음으로 전무님 보고에 강 책임과 같이 들어가게 되었다.

보고는 걱정과 달리 훈훈한 분위기로 진행됐다. 전무님은 새로 진행하고 있는 프로젝트에 대해 질문했고, 강 책임은 준비한 자료를 상세히 설명했다. 나는 그저 옆에서 웃으며 서있을 뿐이었다. 보고가 끝난 후 강 책임이 말했다. "덕분에 보고 잘 끝났다. 고생했어." 나는 한 게 없는데 왜 칭찬을 받는지 알 수 없었다. 그날 오후, 최 대리와 커피를 마시다 그 이유를 알게 되었다.

"그 전무 성격이 괴팍하거든. 보고서 던지고 폭언하고 장난 아니야. 그런데 여자 직원만 옆에 있으면 엄청 젠틀해져. 보고할 때 여직원이 옆에 있으면 좋은 분위기로 잘 끝난다고 하더라고." 보고를 할 때 웃으며 "이번 프로젝트 느낌이 좋네."라고 말씀하시던 전무님의 모습이 떠올랐다. 폭언하는 모습은 전혀 상상되지 않았다. 이렇게라도 팀에 기여할 수 있으니 기뻐해야 하는 건가. 최 대리의 말을 들으며 또 헤헤 웃고 말았다.

*

내 '재능'은 또 다른 곳에서도 발현되곤 했다. 업무 시간이 아닌 업무가 종료된 시간, 바로 회식 자리에서였다. 술과 사람을 좋아하던 나는 회식도 좋아했다. 팀 사람들과 같이 맛있는 음식을 먹는 게 즐거웠다. 회식 자리에서는 93년생인 나와 93학번인 책임님도 친구가 되곤 했다.

한창 즐거운 회식을 하다가 2차로 이동 중에 강 책임이 없어졌다. 나는 주저하지 않고 강 책임에게 전화를 걸었다. "강 책임님~ 어디 가셨어요~ 같이 2차 가셔야죠! 얼른 오세요!" 누군가는 진상이라 말할 수 있는 전화였지만 이 모습을 본 최 대리는 말했다. "역시 자유씨, 대단해. 자유씨 애교엔 강 책임도 못 당한다니까." 술이 확 깼다. 애교? 이게 남들 눈엔 애교로 보이나? 그 날 이후론 2차에서 사람들이 없어져도 전화를 걸 수 없었다.

회식 다음날 오전의 사무실은 조용하다. 기계적으로 쌓여있는 이메일을 확인하고, 텅 빈 동태 눈깔로 모니터를 바라보며 멍을 때린다. 메신저가 울린다. [자유씨, 커피?] 메신저를 확인하고 자리에서 일어난다. 삼삼오오 모여 커피를 마시러 간다.

"진짜 자유씨가 우리 팀의 활력소라니까. 덕분에 강 책임도 요즘 많이 부드러워졌잖아. 팀 분위기가 확 좋아졌어."

최 대리의 칭찬은 분명 칭찬이지만 듣고 나면 가슴이 답답했다. 나는 또 웃으며 화제를 돌렸다.

"감사합니다. 헤헤. 대리님, 어제 야구 보셨어요?"

*

어느덧 나는 오 년 차가 됐다. 짬이 쌓이고 이력도 쌓였다. 조직은 자주 변한다. 팀에 새로운 사람이 들어오기도 하고 기존 인원이 나가기도 한다. 업무가 바뀌는 사람도 있고 하던 업무를 계속하는 사람도 있다. 나는 오 년간 한가 지 업무를 계속하는 바람에 고인물이 되었다.

어느 날, 우리 팀에 노 책임이 들어왔다. 노 책임은 우리 팀의 업무를 새로 배워야 했고, 마침 나는 노 책임 옆자리였다. 나는 사수가 된 것 마냥 노 책임에게 우리 팀의 업무를 하나하나 알려주기 시작했다. 옆 팀에서도 비슷한 업무를 했던 노 책임은 업무를 금방 파악했고, 문제가 생기더라도 이십 년 경력의 노하우로 문제를 바로 해결하곤 했다. 그런 노 책임이 신기했다. 우리 팀의 프로젝트에 대해서는 내가 더 많이 알지만 문제 해결 능력은 노 책임이 더 뛰어났다.

그날도 노 책임이 나에게 뭔가를 물어보고 있었다. "이거 작년에도 비슷한 이슈가 있었거든요. 자료 찾아서 전달드릴게요." 작년에 해결하느라 애를 쓴 문제였다. 그때 쓴 보고서가 있었던 것 같은데, 생각하며 폴더를 뒤지던 나에게 노 책임이 말했다. "자유씨, 참 일 잘해. 멋있다니까." 나는 깜짝 놀라 노 책임을 쳐다봤다. 노 책임은 나를 대견하다는 듯이 쳐다보고 있었다.

순간 코끝이 찡해져 고개를 돌려 모니터를 바라봤다. 떨리는 목소리를 들킬까 봐 작은 목소리로 겨우 대답했다.

"감사합니다. 헤헤"

일 잘해. 일 잘해. 일 잘해.

노 책임의 말이 퇴근할 때도 머릿속에 맴돌았다.

일 잘해. 일 잘해. 일 잘해.

자동차 회사의 자유씨

ⓒ잘자유 2023

초판1쇄	2023년 05월 02일
초판2쇄	2024년 02월 15일
지은이	잘자유
편집	잘자유
디자인	잘자유
대표메일	mia7722@naver.com
인스타그램	@well.freedom
블로그	https://blog.naver.com/well-free
브런치	https://brunch.co.kr/@well-freedom

책값은 뒷날개에 있습니다. 이 책은 저작권법에 따라 보호받는 저작물이므로 무단전재와 무단복제를 금합니다. 잘못 만든 책은 구입하신 서점에서 바꾸어드립니다.